中国地质大学（武汉）教育学学科培育计划资助
本书被列入《光明社科文库》出版计划

# 博物馆里的信息解码

## 基于解说牌可视化

范陆薇 ◎ 著

光明日报出版社

图书在版编目（CIP）数据

博物馆里的信息解码：基于解说牌可视化 / 范陆薇著. -- 北京：光明日报出版社，2024.8. -- ISBN 978-7-5194-7721-9

Ⅰ.G269.2-39

中国国家版本馆 CIP 数据核字第 2024H3D731 号

## 博物馆里的信息解码：基于解说牌可视化
BOWUGUAN LI DE XINXI JIEMA：JIYU JIESHUOPAI KESHIHUA

| 著　　　者：范陆薇 | |
|---|---|
| 责任编辑：许　怡 | 责任校对：王　娟　李佳莹 |
| 封面设计：中联华文 | 责任印制：曹　净 |

出版发行：光明日报出版社

地　　址：北京市西城区永安路 106 号，100050

电　　话：010-63169890（咨询），010-63131930（邮购）

传　　真：010-63131930

网　　址：http://book.gmw.cn

E - mail：gmrbcbs@gmw.cn

法律顾问：北京市兰台律师事务所龚柳方律师

印　　刷：三河市华东印刷有限公司

装　　订：三河市华东印刷有限公司

本书如有破损、缺页、装订错误，请与本社联系调换，电话：010-63131930

开　　本：170mm×240mm

字　　数：105 千字　　　　　　　印　　张：9.5

版　　次：2024 年 8 月第 1 版　　　印　　次：2024 年 8 月第 1 次印刷

书　　号：ISBN 978-7-5194-7721-9

定　　价：85.00 元

版权所有　　翻印必究

# 目 录
## CONTENTS

**第一章 博物馆展览的发展与现状** ············· 1
 第一节 博物馆发展的历史溯源 ············· 1
 第二节 博物馆的功能演变 ················· 5
 第三节 博物馆的角色与定位 ··············· 20
 第四节 博物馆展览理念：发展与变革 ······· 28

**第二章 信息可视化的相关成果及其理论应用** ··· 32
 第一节 什么是信息可视化 ················· 32
 第二节 从信息到智慧：信息可视化的应用 ··· 36
 第三节 认知科学中的信息与视觉"互动" ····· 39
 第四节 信息可视化与叙事 ················· 51

**第三章 博物馆解说牌中的信息可视化** ········· 54
 第一节 博物馆解说牌与信息可视化 ········· 55
 第二节 博物馆解说牌的分类与功能 ········· 59
 第三节 博物馆展览信息的编码与解码 ······· 63

## 第四章　博物馆展览解说牌 ································ 72
### 第一节　展览解说牌中信息的展示形式 ················· 72
### 第二节　展览解说牌中信息表达的特点 ················· 80
### 第三节　信息可视化表达在博物馆解说牌中的应用 ········ 81
### 第四节　博物馆解说牌中信息可视化加工的误区 ········· 89
### 第五节　博物馆解说牌可视化案例分析 ················· 93

## 第五章　博物馆展览信息可视化设计的原则和建构流程 ········ 110
### 第一节　博物馆展览信息可视化加工策略和原则 ········· 110
### 第二节　博物馆展览信息可视化加工的设计基础与规范 ····· 114
### 第三节　博物馆展览信息可视化的建构与加工 ··········· 122

## 第六章　思考与展望 ···································· 125

## 附：博物馆展览空间设计经典案例 ························ 128

## 参考文献 ············································ 140

第一章

# 博物馆展览的发展与现状

广义的展览泛指在特定空间内，为达到展示、宣传、教育、交流等目的而布置的一系列有组织的指示物和场景。作为有效的社会教育工具，展览借由实物、模型、展板和装置展示模拟生态环境或社会情境中的主题，使观众通过运用各种感官，身临其境地接收展览信息。博物馆展览是众多展览中的一类，它特指在博物馆空间范围内，以实物为基础，配合适当的辅助展品，按照特定主题、序列和艺术形式组合而成的，传授知识、传播文化、传递科学信息、营造审美欣赏氛围、激发思考的展示系统。展览是博物馆发挥社会作用的重要载体，也是博物馆与各领域建立多向联系的特殊语言。不过，这种语言并不是博物馆与生俱来的，而是博物馆在发展进程中为顺应时代需求而逐步进化出的产物。

## 第一节 博物馆发展的历史溯源

博物馆业虽是近代方才兴起的社会文化事业，但其拥有着悠久的历史渊源。从语源上看，无论是博物馆的希腊文 μουσειο 还是英文 museum 均由"缪斯"和表示场所的后缀组合而成，指示"缪斯的神殿"。缪斯（Muse）是古希腊神话中宙斯之女，主司科学和艺术。相传，希腊中部的赫利孔山（古希腊语：Ἑλικών，英语：Helicon）是供奉缪斯的圣山。公元前 8 世纪，希腊诗人赫西俄德（古希腊语：Ἡσίοδος，英语：Hesiod）曾在《神谱》中歌颂"让我们从赫利孔的缪斯开始歌唱吧，她们是这圣山的主人"。于是，起源于公元前 5 世纪，收藏有各种战利品的特尔费·奥林帕斯神殿被视作博物馆的起源。公元前 3 世纪，由托来美一世开建，托来美二世建成的亚历山大宫被认为是西方最早的博物馆。无独有偶，公元前 5 世纪的东方，鲁国君主哀公为纪念孔子的功绩，传扬儒家思想，在山东曲阜的阙里孔子故居建成孔子庙堂。庙堂中陈列有孔子的衣冠琴书和他乘坐过的车舆，供人们纪念瞻仰。孔子庙堂也被认为是中国最早的纪念类博物馆。

　　进入中世纪的欧洲处于封建制度和教会统治的时代。文化、艺术、教育等被认为是上层阶级的专属标签，珍稀物什成了贵族们较量身份地位的砝码。因而，收藏奇珍异宝的行为在这一阶层中流行开来。各式各样的珍奇被收藏于国王的宫殿、贵族的古堡、教堂等。随着收藏品数量的日益增多，收藏者们开始采用珍奇柜（图 1-1）陈列收藏品。这种珍奇柜的柜门或台面由无色透明的玻璃制成，方便观众透过玻璃观看藏品。收藏家以珍奇柜陈列珍贵藏品供人们参观的行为，赋予了珍奇柜以展示功能。不过，这一时期的珍奇柜仅对私人社交圈开放。换言之，只有贵族、鉴赏家、学者等社会上层人士才有机会一睹奇珍异宝的风采。欧洲中世纪的私人收藏为之后博物馆的发展提供了充足的藏品储备和人才储备。这一时期的收藏家由皇室教宗扩展至贵族、商贾阶层，一些非专业人士在收藏过程中逐渐转变成了具有专业鉴赏能力的收藏家。

**图 1-1 珍奇柜示意图①**

文艺复兴时期，更多人加入收藏者行列，收藏品的范围更加广泛，收藏品的体系性逐渐显现。其中对后世具有重要影响力的收藏有意大利的美第奇家族收藏所（House of Medici）、梵蒂冈圣伯多禄大殿（Basilica di San Pietro in Vaticano；俗译"圣彼得大教堂"）。彼时，科技革命、启蒙运动犹如催化剂，作用于藏品和收藏人才的积淀之中，使近代博物馆从早期的博物馆意识中升华出来。1683年，拥有固定陈列的牛津大学阿什莫林博物馆对公众开放，标志着近代公共博物馆时期的开始。

---

① 该书中所有手绘图均由郭淑瑶绘制。

19世纪，现代博物馆实体在世界范围内兴起，现代博物馆观念迅速扩散，一批具有影响力的现代博物馆建成。丹麦国家博物馆（National Museum of Denmark）、英国南肯辛顿博物馆（现名为Victoria & Albert Museum）、法国特罗卡德罗民族志博物馆（Musée d'Ethnographie du Trocadéro）等都是这一时期博物馆的典型代表。同时，随着殖民势力的扩张，现代博物馆的概念传播到亚洲、非洲、南美洲。19世纪中后期，日本建成汤岛圣堂古物陈列所（日本国立中央博物馆前身）。英、法等国的殖民者侵入非洲后，1825年南非动物学之父安德鲁·史密斯（Andrew Smith）在开普敦建立了非洲第一座现代博物馆。1858年埃及国家博物馆在开罗成立。在南美地区，葡萄牙等国的殖民势力进入巴西，西欧风格的博物馆也被引入巴西。1815年，一个以私人绘画精品收藏为展示对象的艺术博物馆在里约热内卢建成并对公众开放。总体来说，进入19世纪以后，现代博物馆在世界各地兴起。随着博物馆职业化进程的加快，博物馆学作为一门学科的概念得到强化，也因此，博物馆呈现专业化趋势和群体性特征。

进入20世纪，受战争和工业化的影响，一些特殊类型的博物馆应运而生，如军事博物馆、乡土博物馆、文化遗产保护地博物馆等。第二次世界大战之后，世界格局走向和平。随着人们经济发展和文化需求的增长，博物馆事业与生态环保、地方经济发展、文化旅游事业、遗产保护等领域产生了广泛的联系，全球博物馆事业翻开了更具活力、更加多元的蓬勃发展的新篇章。

## 第二节 博物馆的功能演变

**一、博物馆与生俱来的收藏功能**

博物馆的收藏现象可归因于人类的收藏意识和纪念意识。人类的收藏行为可以追溯到史前。19世纪，考古学家在比利时、德国等地发现了12万到3万年前居住在欧洲及西亚的晚期智人尼安德特人（拉丁文学名 homo neanderthalensis）的头骨化石。[1] 与这些头骨化石一同被发现的还有被尼安德特人收集并存放在附近特定地方的物品碎片。这是证实古人类有收藏习惯的有效证据。其实，人类将珍奇收集并存放在特定地点的行为证据在全世界范围内都有发现。早在4000多年前，埃及和美索不达米亚的统治者就开始有意识地搜寻和保藏珍奇。古希腊、古罗马时期，雕塑绘画艺术高度发展，大量艺术珍品涌现，例如，《萨维斯女雕像》《掷铁饼者》《米洛斯的维纳斯》《奥古斯都雕像》等（图1-2）。这一时期，人们收藏艺术品蔚然成风。一些文献记载，凯撒大帝（Gaius Julius Caesar）热衷于购买名画；君士坦丁一世（Gaius Flavius Valerius Constantinus）大量搜罗雕塑和绘画以充实个人收藏；亚历山大大帝（Αλέξανδρος）把在南征北战中搜集和掠夺来的珍贵的艺术品和古物交给他的老师亚里士多德（Aristotle）整理研究……

---

[1] WOLPOFF M H. Evolution or Extinction of Neandertals: A Brief History [J]. Journal of Cosmology, 2011, 139 (1): 91-102.

**图 1-2　《掷铁饼者》雕塑示意图**

中国自古以来就有收藏保管并登记珍品名录的习惯，《周礼》和《史记》曾记载上至官府下至私家的古物收藏。商朝的王室建立专门府库以保藏典册。自商朝之后，王室专设国家府库、庙堂、宫室、园囿、陵墓等场所保藏祭器、法器、珍宝。贵族庭院、民间寺观、别馆等也保藏了许多珍贵古物。至宋代，古物研究兴起，与古物保藏有关的金石学、方志学、考据学及目录学等逐渐形成，藏品的记录也由账目式记录演变成分类记录。其中，金石学研究铜器、石刻等，用古物证经补史，出现了一批金石研究名家和一系列图录著作。例如，《考古图》中收录了古器物234件，所录器物年代自商周至秦汉。《考古图》的著者吕大临不仅对器物进行了分类，还将器物的年代、产地等信息进行关联，用于进行古物共存关系的研究。这使得收藏不再拘泥于古物私藏，而是开启了古物学术研究的格局。① 与宋代收藏不同，晚明时期的收藏以"杂"为特色。明隆庆帝开关之后，大量珍贵木材、犀牛角、象牙、珐琅器等物品从海外传入中国，培养了一拨古玩杂项工艺制作名匠，也使得收藏杂项成为当时最有影响力的项目。清代，随着考据学的发展，涌现了大批藏书家，古物收藏的学术研究在这一时期得到了发展延续。同一时期，其他国家的收藏工作也在萌芽。古印度画廊保存了大量绘画和雕塑，曾是当时重要的教育场所和休闲场所。日本于公元701年颁布《大宝律令》，记录了具有收藏和保管职能并建有一定公开性质的独立行政机构"图书寮"。"图书寮"始建于8世纪后半叶，位于日本奈良市东大寺大佛殿西北面的正仓院收藏有服饰、家具、乐器、玩具、兵器等各式各样的宝物，总数约达9000件之多。

从以上的资料中不难发现，在公元16世纪之前，东西方的收藏展现了观察、分类、诠释、关联的理性逻辑，走向了科学化分类的方向，但收藏的目的仍在于"收"和"藏"，并未对大众开放。《大宝律令》中规定"图书寮所藏佛像以及内外典籍、书法、屏风、障子并杂图绘类……自今以后不得借给亲王以下以及庶人……"② 因此，这一时期的收藏机构或场所尚未具备公共属性，只能被称为博物馆的雏形。在博物馆由雏形逐渐成熟的漫长过程中，有两项"成果"具有里程碑式的意义，它们分别是蕴含博物馆分类思想的收藏登录册和具有高度综合性的文化殿堂。

---

① 徐玲. 博物馆与近代中国公共文化: 1840—1949 [M]. 北京: 科学出版社, 2015: 29.
② 类聚三代格 [M]. 东京: 八木书店, 2005: 183.

（一）蕴含分类思想的收藏登录册

16世纪80年代，费迪南·德·蒂罗尔大公（Ferdinand II, Archduke of Further Austria）将其在奥地利安布拉斯城堡的珍奇陈列室对经过严格筛选的少量公众开放。这个珍奇陈列室有一本收藏目录，被博物馆学界认定为"准博物馆"收藏目录。这本目录记录了珍奇陈列室收藏的各类盔甲。与此前的藏品目录不同，这本出版于1599年的收藏目录不仅为收藏条目配上了精美的版画图片，还逐条说明了藏品的来历、特征等信息。

从表面上看，这册关于盔甲的收藏登录册——《英雄们的盔甲》只在人类传统的收藏记录行为上稍有突破，为什么说它是博物馆发展历程中具有里程碑意义的一项成果呢？首先，它对藏品进行了分类描述；其次，它记录了各式各样的盔甲，因而体现了收藏体系，这也使其与个人私有、随性收藏、不成体系的传统收藏区别开来；第三，它将藏品曾经的使用者、藏品的来历和特征等都一一梳理在案，强调了物品在审美价值和经济价值之外的社会记忆价值和历史见证价值；最后，是《英雄们的盔甲》为收藏条目配图，形成了藏品图文互释的信息传播模式。以上四点正是沿用至今的博物馆藏品信息记录的雏形。

（二）具有高度综合性的文化殿堂

公元前3世纪，托勒密王朝时期亚历山大宫的亚历山大博物院（Mouseion of Alexandria）被认为是最早超脱人类收藏本能，进化出公共属性的博物馆现象。据《博物馆起源：早期博物馆史和博物馆理念读本》①记载，托勒密王朝时期的亚历山大王宫中建有"博物院"。该院不仅有收藏功能，还设有讲演厅、实验室、图书馆、动物园、气象厅等空间，方便当时地中海沿岸国家的学者们聚集于此，从事研究与教学工作。亚历山大博物院虽然是一座收藏机构，其功能却不只是单一的收藏功能。它的独特之处在于：其一，它的收藏范围广泛且功能强大，是一座具有高度综合性的文化殿堂。其二，它的收藏出发点不再局限于囤积居奇，而是把器物收藏与哲学思考联系在一起，赋予了博物馆"文化传播使者"的身份。

不过，可惜的是亚历山大博物院在博物馆发展进程中只是一个孤立的片段。它在"收藏体系化"以及"物与思想的联结"这两方面的创新并没有得到持续继承。公元4世纪晚期，罗马帝国一分为二，西罗马帝国日渐衰竭。日耳曼人征服西罗马帝国之后，西罗马的本土宗教被视为异教，无论是收藏活动还是教育活动都不再被允许，"museum"等类似的称呼也因其异教色彩被禁止。原先的亚历山大博物院的综合性事务分解为各自独立的职能，从而形成一系列诸如图书馆、档案馆、实验室等的专门机构。彼时的museum又还原到了最初的仅具有收藏功能的专门机构。

## 二、由收藏触发的功能——陈列展示

在经历了一系列价值判断的转变之后，藏品转化为展品并最终组合成展览。② 这一系列的转变归根结底由博物馆收藏功能的演化引

---

① 休·吉诺韦斯，玛丽·安妮·安德烈. 博物馆起源：早期博物馆史和博物馆理念读本[M]. 路旦俊，译. 南京：译林出版社，2014：5.
② 严建强. 缪斯之声：博物馆展览理论探索[M]. 杭州：浙江大学出版社，2020：27.

发。早先的收藏源于人类珍藏具有美学价值、经济学价值的器物的本能。前文提及的尼安德特人收集碎片、古代社会中各国收集艺术品的行为都可归为此类。然而，收集物品的行为并非人类专属，一些动物也有类似的表现。例如，被喻为"建筑界小天才"的园丁鸟就喜欢收集闪亮、精致的小物件，用于搭建自己的鸟巢。因此，从这个角度评判，早期人类的收藏是出于生物本能的囤积居奇的行为。人类的收藏行为真正区别于动物收藏本能，开始具有深层次内涵是始于：（1）人类在收藏动机上将器物作为记忆载体进行收藏；（2）人类在明确的收藏体系定位下的收藏；（3）人类依据器物的性质对收藏进行分类。

公元 16 世纪，塞缪尔·基格博格（Samuel Quiccheberg）（在一些论著中被译为塞缪尔·奎奇博格）在他的著作《记录》中将世间万物分为五个类别：第一类是"剧场"创始人，也就是巴伐利亚公爵阿尔伯特五世的族谱；第二类为人类的创造，包含艺术作品、绘画、雕塑等；第三类是自然的创造；第四类是人类的活动所需的工具；第五类是人类设计的图像。基格博格认为人们可以通过观看物体，获得对事物的独特认知，最终获得令人羡慕的智慧，器物收藏与哲学思考是紧密相连的。他的著作中所提到的"剧场"，其实就是视觉文化的观念。这一观念也成了后来的学者们将收藏包装成珍奇柜进行展示的核心思维。随着人们对收藏器物的价值选取逐渐多元，博物馆收藏的内涵也不断深化和升华，从而促成了博物馆陈列展览的进阶式发展。

博物馆陈列展示的雏形是兴起于 16 世纪的珍奇柜（Cabinet of Curiosities）。几乎在同一时期，世界各地都出现了这种把收藏品摆放在精致的柜子里供人欣赏的现象。在意大利它们被称为"珍品储藏室"（Gabinetti），在德国它们被称为"宝物箱"（Schatzkammern）。"珍奇柜时代"的陈列理念极为粗糙，仅只是罗列收藏品，既没有突出主题，也没有信息诠释。不仅如此，藏品库房和陈列区域也并没有被区分开来，人们实际上看到的只是摆放整齐的收藏库房而已。

17世纪晚期，伦敦塔军械库、巴塞尔大学博物馆、牛津大学阿什莫林博物馆陆续对公众开放，形成了具有公共性的陈列展示。相比第一阶段的珍奇柜，17世纪晚期的博物馆陈列品数量和种类大大地增长了，但仍然没有明确的展示目的和科学的分类陈列。直到18世纪末，欧洲博物馆的陈列空间才从藏品库房的概念中独立出来，被正式称为"陈列室"。不过这个阶段的陈列水平相较于上一个阶段的进步是微乎其微的。陈列室虽然独立了出来，却带有浓重的藏品库房的影子。此时的展品陈列密度高、庞杂罗列，不讲究展示效果，更疏于关注参观者的游览舒适度。19世纪，博物馆陈列展览进入新的发展阶段。乘着考古学科发展的"东风"，博物馆里的展品开始遵循科学分类的原则进行展示。1816年，丹麦历史学家克里斯蒂安·于恩森·汤姆森（Christian E. Thomson）出任丹麦皇家古物博物馆馆长。他以藏品时代、类别为依据，将本来杂乱无章的藏品分类布置成石器专题、青铜器专题和铁器专题，并配合展览出版参观指南《斯堪的纳维亚古代文物指南》。这册图文并茂的参观指南，或者说是图录，被翻译成多国文字在欧洲出版。这种以相对年代和类型学理论为依据的陈列方案也被传播开来，被许多博物馆采纳。不过，丹麦皇家古物博物馆的收藏在前，陈列在后。它的藏品搜集工作并不是以克里斯蒂安·于恩森·汤姆森的陈列方案为指导的，所以，其展品在支撑展览主题体系化方面还存在许多缺憾。英国考古学之父皮特·里弗斯（Pitt Rivers）在此基础上提出，物质文化揭示人类的本性及发展，博物馆的收藏活动应剔除重复性展品，重视具有代表性可补充展示主题的器物的收藏，形成收藏体系。皮特·里弗斯的观点从某种程度上对博物馆的功能进行了重新洗牌。原本处于主导地位的"收藏"逐渐转变为以展陈需求为指导的角色，博物馆的陈列展示功能得到了重视。然而，这一革新只是体现在展览内容上，并没有对展陈的形式带来多少变化。19世纪的许多博物馆展厅设计都十分刻板，通过天窗采光的展厅设置有对称的走廊，展柜则根据分类法呈格子状规矩地分布在展厅中。位于牛津大学的皮特·里弗斯博物馆（Pitt Rivers Museum）就是一个具有代表性的"标准化"展览的例子，博物馆中海量的展品都密密匝匝地摆放在标准展柜中（图 1-3）。

**图 1-3　Pitt Rivers 博物馆**

博物馆展览理念和展览形式上的革新受到了多方面影响，既有行业内的由功能属性变化而引发的变革，也有来自其他领域的影响。1851年5月1日，第一届世界博览会在英国召开，在占地9.6万平方米的展区中展示了14000件展品，观众累计630万人。第一届世界博览会建立了一种展示格调和平面布置的组织方法。人们在这次成功的经验中也反思了展会上整齐的格子布局和宽大的走廊对展示主题突显的限制。人们开始意识到陈列展示需要更为灵活、流畅的空间来承载。而此时，博物馆行业的功能和属性也有了新的内涵。1873年，英国皇家艺术学会委员会章程中写道："使所有的公共博物馆，皆具有教育及科学目标。"展览作为连接公众和展品的桥梁，自然而然地承担起"诠释"展品的任务。在此历史背景下，20世纪20年代的德国，包豪斯建筑学派为巴黎世界博览会设计了全新的开放式的空间，配合展品和展板的摆放。新的展陈空间为设计师提供了极高的设计自由。1930年巴黎德意志制造联盟展览上，瓦尔特·格罗皮厄斯（Walter Gropius）和赫贝特·拜尔（Herbert Bayer）将展品与具有弧度的墙壁相结合，给观众带来展品在"流动"的动态观感。这些突破了以往标准化展陈的新方式为许多博物馆借鉴并付诸实践，深化了展览对展品信息的诠释。

第二次世界大战期间，各国贸易受到抑制，珍贵的藏品被分散保管，展览的发展止步不前。但是，有趣的是，在这一期间人们的战争经历和思考凝聚成了战后的叙事"冲动"。二战后，历史事件的见证物被收入博物馆中，构建起了博物馆展览叙事的故事框架。1946年，维多利亚和艾伯特博物馆举办的《英国可以成功》展览，展示了英国人民战时的生活用品等。无独有偶，1931年11月，中华苏维埃临时中央政府成立，革命文物的征集工作被提上议事日程。在第一次全国苏维埃大会决议的"中国工农红军优待条例"第16条中，明确提道："死亡战士之遗物应由红军机关或政府收集，在革命博物馆中陈列，以示纪念。"此后，展览所传播的信息不局限于展品之或奇或美的特征信息，也不止于普及科学、人文知识，而是在传统展示目的的基础上又增添了一层唤醒记忆、激发思考的功能。

**三、与陈列展示密不可分的教育功能**

博物馆教育功能与陈列展示功能有着天然的联系，所以两者在发展进程中存在一定时期的重叠。18世纪60年代，第一次工业革命拉开序幕，这次技术上的变革带来的是深刻的社会变革。恩格斯曾说过："社会一旦有技术上的需要，则这种需要就会比10所大学更能把科学推向前进。"在工业革命的推动下，社会公众对知识社会化和教育普及的需求日盛，以实物展示为特点的博物馆教育成为学校教育的补充，被纳入公共教育领域。几乎同时，法国上演着波澜壮阔的启蒙运动。启蒙运动注重知识普及，反对文化专制主义，从一定程度上促进了近代博物馆的发展和博物馆教育功能的凸显。19世纪，法国社会学家皮埃尔·布尔迪厄（Pierre Bourdieu）提出了"惯习"的概念，认为这是人们作为生活于某种特定的文化或亚文化群的一员而获取的。因而，惯习是一种认识性和激发性的机制，它使个人的社会语境的影响得以具体化；它提供了一种渠道或媒介，正是通过这一渠道或媒介，信息和资源才被传导到它们所告知的行动中。布尔迪厄的研究使人们意识到社会地位低下的劳苦大众被排斥在博物馆之外，无法享受博物馆资源。他的研究发表之后，法国博物馆系统开始改变运营策略，增加了大量基于大众认知水平的展览项目，以体现博物馆为全社会民众而设的宗旨。

20世纪初，博物馆融入近代公共教育体系中，具备社会教育机构的功能。博物馆的教育功能"后发制人"的影响并引导着博物馆收藏、展览的策略。诚如前文所述，博物馆早期的收藏活动、展示活动大多以满足个人欣赏、炫耀或猎奇的目的。随着博物馆教育功能的强化，博物馆收藏策略开始倾向于教育教学用途，一些具有教育意义的人工制品、自然标本等进入博物馆。博物馆的展陈手段因为要服务于教育，也推陈出新，新增了互动展示模型、内部结构剖析、动态演示等。更为显著的变化是，博物馆解说牌除展示文字说明外，更多地配置标识、图片、图解等图件，旨在帮助观众理解知识、理论。2007年，国际博物馆协会对博物馆定义的修订中首次把"教育"置于博物馆社会功能的首位。足见博物馆在传播科学知识、教育社会公众方面的作用日益加大，至20世纪初期，博物馆教育机构的定位逐步被各国学界所认同。

值得强调的是，博物馆教育并不应局限于"教学"。早在一战之前，学校博物馆就曾在法国盛行，这些博物馆是专门为法国境内不说法语的小学生提供通识课程的课堂。近些年来，许多业内人士注意到博物馆的真实性、多样性、社会性等特点，以及其教育功能之于校本教学的辅助性、补充性、延伸性的特征，呼吁博物馆配合中小学生学校教育，实现馆校协同，成为学生的第二课堂。这与一战前在法国境内盛行的学校博物馆的工作模式十分相似。然而，博物馆教育的内涵远不止于作为校本教学的补充教学。博物馆究竟应该如何发挥其教育功能这一问题其实是个由来已久的议题。现代博物馆学的奠基者乔治·布朗·古德（George Brown Goode）认为博物馆首先用于展示科学现象，展示人们想法，博物馆的展品只是这些现象、想法的注解。最早提出"博物馆疲劳（Museum Fatigue）"的著名心理学家、博物馆学家本杰明·伊夫·吉尔曼（Benjamin Ives Gilman）并不认同乔治·布朗·古德的观点。本杰明·伊夫·吉尔曼曾在艺术博物馆工作，他认为艺术博物馆和科学博物馆是两种机构，二者鲜有共同之处。美术博物馆中的藏品是根据其艺术价值而收藏，科学博物馆或应用艺术博物馆中的藏品根据其教育价值而收藏。在吉尔曼看来，这两个领域是不可调和的，理解艺术作品并不仅仅在于理解作品本身，还在于审美上的领悟。吉尔曼认为："当教育占主导地位时就意味着艺术主导地位的终结。"吉尔曼还坚持认为，关于藏品的文字介绍固然重要，但必要时应该被去除，让位于他所说的"欣赏认识"。观众对于博物馆展品的认知，不仅要用头脑，实际上还需要所有的感官。曾任法国卢浮宫馆长的乔治·萨勒斯（Georges Salles）曾发表过与吉尔曼相似的观点——博物馆服务于熟悉艺术的人，他们在家庭或别处对艺术耳濡目染，逐渐发展了对艺术的认知。如果出于教学目的对展品进行过度诠释，那么展品本质的东西就会被抽除。萨勒斯认为具有艺术价值的展品本身就拥有启发的力量。与其用五花八门的展示方式制造出过度的知识信息，分散观众对展品的关注，不如让展品静静被观赏。萨勒斯的文字里包含的思想是：艺术本身就是媒介，它无须解释。

回到本节所讨论的博物馆究竟应该如何发挥其教育功能这一问题，结合几位博物馆学家的职业背景，分析他们的观点。乔治·布朗·古德曾任美国史密森学会助理秘书。作为馆校合作标杆机构——史密森博物馆学院的业务骨干,古德从教学的维度去理解博物馆教育功能的发挥是工作实践经验使然。吉尔曼和萨勒斯的职业背景均与艺术博物馆有关,二人对博物馆教育意义的理解自然与古德不同。事实上,以上关于博物馆教育功能发挥的争议表面上相互矛盾,实则皆有其合理性和适用范围。一方面,对于不同类型的博物馆,教育内容的侧重点应有不同。例如,自然历史博物馆对于自然科学知识的普及是其展示教育的重点工作,而对艺术博物馆而言,培育观众的艺术鉴赏力则是其工作要点。另一方面,博物馆教育是一个宏大的命题,它向观众提供的多元且多层次的教育,即除了提供教学维度之外,博物馆教育还应培育观众建构知识的能力、审美情趣,激发观众的思维,提升观众的社会责任心。

至此,博物馆的发展已经相对成熟,功能已经基本完善。收藏、展示、教育功能互相影响、相互支撑,形成了以藏品、展览内涵供给博物馆对外教育的工作模式。

**四、博物馆发展的基石——研究**

博物馆研究贯穿在博物馆的"进化史"之中,也渗透在博物馆的各项功能里。最初,博物馆研究主要针对藏品本身展开。随着时代的前进与社会的发展,博物馆作为全民共享的文化机构,其研究对象已不再局限于藏品本身,而是扩展到博物馆实践以及博物馆公众研究领域,成为具有特定研究对象与研究方法的学科——博物馆学或博物馆实务。

有意识、有组织的博物馆研究最早可追溯到 19 世纪。19 世纪 30 年代,德国学者卡尔·奥弗里德·缪勒(Karl Otfried Muller)的考古学专著里出现“博物馆学（Museology）”一词。在当时，博物馆学是一门研究博物馆的布置、组织、展示、标本制作的学问。1727 年，德国学者内克尔（Caspar F. Neickel）首次使用“博物馆实务（Museography）”一词（图 1-4）。1895 年，萨洛蒙 · 莱纳克（Salomon Reinach）再次使用了博物馆实务。之后“博物馆实务”一词被沿用，其含义也日益广泛。

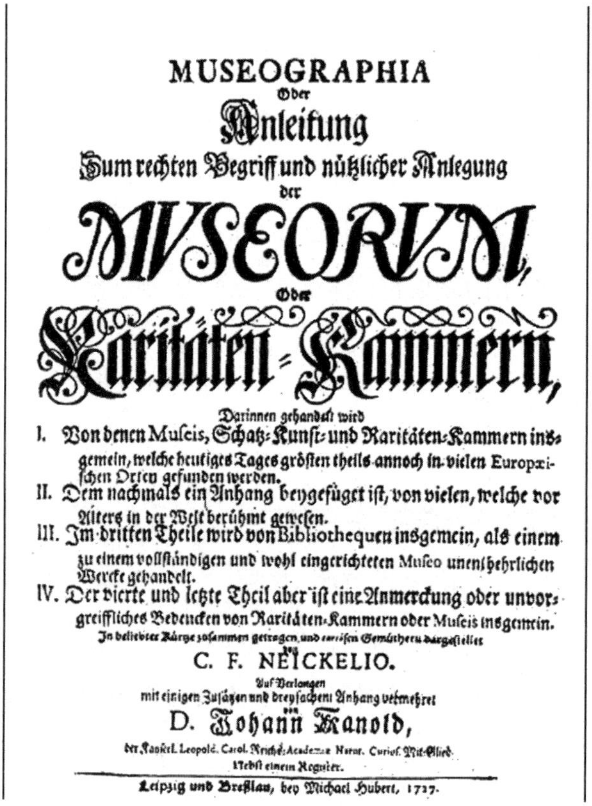

MUSEOGRAPHIA
Oder
Anleitung
Zum rechten Begriff und nützlicher Anlegung
der
MUSEORUM,
Oder
Raritäten-Kammern,
Darinnen gehandelt wird
I. Von denen Museis, Schatz-Kunst- und Raritäten-Kammern insgemein, welche heutiges Tages grösten theils annoch in vielen Europæischen Orten gefunden werden.
II. Dem nachmals ein Anhang beygefüget ist, von vielen, welche vor Alters in der Welt berühmt gewesen.
III. Im dritten Theile wird von Bibliothequen insgemein, als einem zu einem vollständigen und wohl eingerichteten Museo unentbehrlichen Wercke gehandelt.
IV. Der vierte und letzte Theil aber ist eine Anmerckung oder unvorgreiffliches Bedencken von Raritäten-Kammern oder Museis insgemein.
C. F. NEICKELIO.
Auf Verlangen
mit einigen Zusätzen und dreyfachem Anhang vermehret
von
D. Johann Kanold,
Nebst einem Register.
Leipzig und Breßlau, bey Michael Hubert, 1727.

图 1-4　内克尔《博物馆实务》封面

关于博物馆学研究的具体内容，安娜 · 格内科诺娃在《博物馆学工作文献》里给出了经典定义：博物馆学是一门检视人与现实特定关系的科学，它的特点在于有意识且系统性收藏与保存无生命的、物质的、可移动的，尤其是三维的、记录自然和社会发展的物品，并对其进行科学性、文化性与教育性的运用。其中的原则在于有形的物品成为记录资料，以及人与现实的特定关系。瑞士学者马丁·施尔（Martin Schill）将博物馆学定义为研究个人或社会为什么以及如何在不考虑物品功能或物质价值的情况下，将物品博物馆化的学问。无论在哪种定义中，博物馆学研究的核心都是人—社会—遗产三者的关系。

在前文所提到的珍奇陈列室的年代，研究是博物馆的主要工作。那个时期的博物馆极少对公众开放，因而博物馆研究的对象是收藏品，而不涉及博物馆行政、博物馆管理、展示、教育……

19世纪以后，随着博物馆收藏、展示、教育功能的丰富，研究者和公众都开始以一种不同于以往的眼光来看待博物馆，开始从博物馆社会性、文化性、非营利性等特征出发，关注博物馆的收藏管理。从19世纪30年代起，研究者对于博物馆的研究兴趣转移到传播上。如果将博物馆视作核心，博物馆的研究即以博物馆学向其他各学科发散的研究方向的合集。它包含了博物馆学向考古、旅游、文化、经济、教育、伦理的延伸。此外，关于博物馆的行政和管理的研究与日俱增。这是由于自19世纪80年代以来，博物馆经济模式发生了改变，同时还因为博物馆管理机制变得越来越复杂。毫无疑问，博物馆研究是博物馆发展的基石。随着博物馆功能的丰富，博物馆的研究视野正在不断扩大。

## 第三节　博物馆的角色与定位

　　与博物馆的功能演变相呼应，博物馆的内涵和外延在经历若干次的转变之后日渐丰富。起初，人们把博物馆看作是搜求器物、博览兼收、益智集思的机构。20世纪30年代，中国博物馆协会将博物馆定性为文化机关，"是以实物的验证而做教育工作的组织，及探讨学问的场所"[1]。中华人民共和国成立以来，对博物馆的定义经历了4次比较大的调整，分别发生在1956年、1979年、2006年和2015年。1956年，文化和旅游部在北京召开全国博物馆工作会议。会上提出了博物馆的三重基本性质和两项基本任务（三性二务），即博物馆是科学研究机关、文化教育机关、物质文化和精神文化遗存或自然标本的主要收藏所。它的基本任务是为科学研究服务、为广大人民服务。1979年国家文物局召开了全国省、自治区、直辖市博物馆工作座谈会，研究和修改了《省、市、自治区博物馆工作条例》。工作条例对"三性"的表述已与之前不同，认为博物馆是文物和标本的主要收藏机构、宣传教育机构和科学研究机构……强调博物馆保存事物的特征。进入21世纪，中国的博物馆融入世界博物馆发展大潮，对博物馆的定义也与国际接轨。2015年，国务院发布《博物馆条例》定义博物馆"是指以教育、研究和欣赏为目的，收藏、保护并向公众展示人类活动和自然环境的见证物，经登记管理机关依法登记的非营利组织。"这项定义也被写入《博物馆开放服务规范》

---

[1] 王宏钧. 中国博物馆学基础：修订本［M］. 上海：上海古籍出版社，2001：246.

（GB/T36721-2018）中。

国际上关于博物馆的定义主要由与联合国教科文组织保持着官方联系的非政府组织——国际博协（ICOM）组织修订和发布。成立于1946年的国际博协会在综合各国博物馆定义要点的基础上，定期发布博物馆定义。国际博物馆协会制定的博物馆定义先后经历了八次调整。这些定义的表述以及历次定义所调整的细节无疑反映了博物馆角色与定位的变化。

1946年，国际博协发布的博物馆定义中提道"博物馆是向公众开放的美术、工艺、科学、历史以及考古学藏品的机构，也包括动物园和植物园，但图书馆如无常设陈列室者则除外"。这一定义将博物馆的机构范围扩大至动物园、植物园等。

1951年的定义强调了博物馆是永久性机构；1961年的定义进一步扩大了博物馆的机构范围，新增："保护研究所和图书馆或档案馆""对公众开放的历史或考古遗迹""有活体标本的机构""自然保护区"四类机构，表达了国际博协吸纳成员的开放态度。不过，机构范围的宽泛化带来的是机构属性的不一致。一些新被纳入的机构显然无法满足传统博物馆的特征标准。

在这种背景下，博物馆出现了新业态和不同的声音。法国博物馆部部长让·查特兰认为"没有藏品的博物馆不是博物馆"。如果以是否有藏品作为判断机构是否为博物馆的标准，那么创建于20世纪60年代末的旧金山探索宫（科学中心）和法国勒克鲁佐—蒙梭生态博物馆就不能纳入博物馆的范畴了。

几乎是同时，亚非拉前殖民地国家独立运动、北美民权运动、拉丁美洲多个国家反对军事独裁的运动形成风潮，使得弱势群体、

21

小众文化的社会价值被关注和尊重。1967年美国人约翰·罗伯特·肯纳德（John Robert Kinard）为重建华盛顿特区非洲裔人群的民族自尊心，创建了邻里博物馆；北欧也建成了多家户外博物馆。博物馆着眼于社区发展而萌生的新角色、新定位，创造了重新定义博物馆的契机。1972年，联合国教科文组织和国际博物馆协会联合举办智利圣地亚哥圆桌会议，确立"整体博物馆"观念，成立了"新博物馆学派"，明确了博物馆对社区文化传承及其发展所应承担的责任。1974年，国际博协哥本哈根会议提出了新的博物馆定义：

英文原文：A museum is a non-profit making, permanent institution in the service of the society and its development, and open to the public, which acquires, conserves, researches, communicates, and exhibits, for purposes of study, education and enjoyment, material evidence of man and his environment.

中文译文：博物馆是为服务社会及其发展而向公众开放的非营利性常设机构，它获取、保存、研究、交流和展览人与环境的物证，以达到学习、教育和娱乐的目的。

从以上定义可知，"早期博物馆必须拥有收藏"这一要求已被"人与环境的物证"所取代。随1974年国际博协对博物馆的定义一同列出的是更大范围的博物馆机构——科学中心和天文馆也被认为是博物馆的范畴。1974年的博物馆定义中的表述"为社会及其发展服务"，曾引起争议。一些业内人士认为博物馆应该是一个中立、客观、体现平等的机构，而不应该被政治化。然而，不得不承认的是，博物馆确实折射出对社会需求和社会影响的响应。早期博物馆更多地关注内在业务，而随着博物馆角色与定位的变化，博物馆的外延受到广泛关注。博物馆与社会的多元联系使得博物馆的边界泛化，具有更强的可塑性和更广的可及性。

针对博物馆在社会中的新角色定位，2019年7月ICOM执委会讨论了博物馆的新定义——

> 英文原文：Museums are democratising, inclusive and polyphonic spaces for critical dialogue about the pasts and the futures. Acknowledging and addressing the conflicts and challenges of the present, they hold artefacts and specimens in trust for society, safeguard diverse memories for future generations and guarantee equal rights and equal access to heritage for all people.
>
> Museums are not for profit. They are participatory and transparent, and work in active partnership with and for diverse communities to collect, preserve, research, interpret, exhibit, and enhance understandings of the world, aiming to contribute to human dignity and social justice, global equality and planetary wellbeing.
>
> 中文译文：博物馆是用来进行关于过去和未来思辨对话的空间，具有民主性、包容性与多元性。博物馆承认并解决当前的冲突和挑战，为社会保管艺术品和标本，为子孙后代保护多样的记忆，保障所有人享有平等的权利和平

等获取遗产的权利。

　　博物馆并非为了盈利。它们具有可参与性和透明度，与各种社区展开积极合作，通过共同收藏、保管、研究、阐释和展示，增进人们对世界的理解，旨在为人类尊严和社会正义、全球平等和地球福祉做出贡献。

这一定义对以往博物馆定义做了颠覆性的调整，引起了社会各界的极大争议。2019年的定义用"空间"（Space）取代了"常设性机构"（Permanent Institution）；强调博物馆"是用来进行关于过去和未来的思辨对话的空间"；将博物馆与社区的文化关系诠释为"具有可参与性和透明度，与各种社区展开积极合作"；对博物馆的功能描述为"通过共同收藏、保管、研究、阐释和展示，增进人们对世界的理解"，而删掉了博物馆的重要功能"教育"。

　　对于这种颠覆性的调整，积极的声音认为新的表述正视了博物馆的社会作用，突出了博物馆与社会的联系，肯定了博物馆在重大社会议题上所能发挥的作用。但是，反对的声音也很强烈，一是质疑"要求博物馆将机构权力转给社区，要求博物馆将其目标从传播专业知识转向促进对话和联系"是否与博物馆的宗旨相符合；二是认为新定义草案中删除"常设性机构"等信息，是否真的具有实际操作的可能。

　　在经过长时间的争论之后，2022年5月，经过讨论和投票，国际博协公布了2个提案①：

英文原文：Proposal A

A museum is a permanent, not-for-profit institution, accessible to the public and of service to society. It researches, collects, conserves, interprets and exhibits tangible and intangible cultural and natural heritage in a professional, ethical and sustainable manner for education, reflection and enjoyment. It operates and communicates in inclusive, diverse and participatory ways with communities and the public.

中文译文：提案A

博物馆是常设的非营利机构，面向公众，为社会服务。它以专业的、符合道德且可持续的方式研究、收集、保护、阐释和展示物质和非物质的文化与自然遗产，致力于提供教育、深思和欣赏。博物馆以具有包容性、多样性和参与性的方式进行运营并与社区和公众进行交流。

英文原文：Proposal B

A museum is a not-for-profit, permanent institution in the service of society that researches, collects, conserves, interprets and exhibits tangible and intangible heritage. Open to the public, accessible and inclusive, museums foster diversity and

---

① GERALDINE KENDALL ADAMS. Icom publishes two proposed museum definitions [EB/OL]. Icom publishes two proposed museum definitions - Museums Association. 2022-05-13.

sustainability. They operate and communicate ethically, professionally and with the participation of communities, offering varied experiences for education, enjoyment, reflection and knowledge sharing.

中文译文：提案 B

博物馆是为社会服务的非营利性常设机构，它研究、收藏、保护、阐释和展示物质与非物质遗产。向公众开放，具有可及性和包容性，博物馆促进多样性和可持续性。博物馆以符合道德且专业的方式进行运营和交流，并在社区的参与下，为教育、欣赏、深思和知识共享提供多种体验。

2022 年 8 月 24 日，博物馆的最新定义在捷克布拉格的 ICOM 大会上被宣布（图 1-5）。

**ICOM is pleased to announce that the proposal for the new museum definition was approved.**

On August 24th, in the framework of the 26th ICOM General Conference held in Prague, the ICOM Extraordinary General Assembly approved a new museum definition. The vote is the culmination of an 18-month participatory process that involved hundreds of museum professionals from 126 National Committees from all over the world. The new text reads:

"A museum is a not-for-profit, permanent institution in the service of society that researches, collects, conserves, interprets and exhibits tangible and intangible heritage. Open to the public, accessible and inclusive, museums foster diversity and sustainability. They operate and communicate ethically, professionally and with the participation of communities, offering varied experiences for education, enjoyment, reflection and knowledge sharing."

This new definition is aligned with some of the major changes in the role of museums, recognising the importance of inclusivity, community participation and sustainability. A new President and Executive Board will be elected during the Ordinary General Assembly. The new governance will meet in due course to set the next steps for the implementation and adoption of the new definition, in collaboration with the ICOM Committee for the Museum Definition, ICOM Define. Just as with the process of the revision, inclusion, transparency, and participation will remain in the heart of this new phase.

**图 1-5　第 26 届国际博物馆协会大会公布博物馆定义的新闻截图**

英文原文：2022 年博物馆定义

A museum is a not-for-profit, permanent institution in the

service of society that researches, collects, conserves, interprets and exhibits tangible and intangible heritage. Open to the public, accessible and inclusive, museums foster diversity and sustainability. They operate and communicate ethically, professionally and with the participation of communities, offering varied experiences for education, enjoyment, reflection and knowledge sharing.

中文译文：2022年博物馆定义

博物馆是为社会服务的非营利性常设机构，它研究、收藏、保护、阐释和展示物质与非物质遗产。向公众开放，具有可及性和包容性，博物馆促进多样性和可持续性。博物馆以符合道德且专业的方式进行运营和交流，并在社区的参与下，为教育、欣赏、深思和知识共享提供多种体验。

博物馆是为社会及其发展服务的。博物馆的定义无疑体现了博物馆在社会中的坐标、边界和可能性。毋庸置疑，在当今社会中，博物馆的发展充满了活力，博物馆与其他领域的"接触带"越来越宽泛，博物馆的学术切入点与社会热点的关系越来越紧密。更重要的是，从新的博物馆定义中可知，博物馆与社会、博物馆与公众之间倡导用"对话"的方式进行交流，它反映了博物馆的角色与定位——博物馆作为文化机构，以包容的态度接纳多元观点，呈现历史文化的多样性，激发公众思考、记录过去、思考当下、展望未来。

## 第四节　博物馆展览理念：发展与变革

博物馆陈列展览是一项基于传播学和教育学的，集学术文化、思想知识和审美于一体的，面向大众的知识信息和文化艺术的传播媒介。① 博物馆发展至今，展览数量不断增长，展览类型日益多元。展览数量和类型上的增长反映的是展览理念的发展与变革。而这些与由社会的发展变革引起的博物馆角色定位的变化密不可分。

高校博物馆专业教材《博物馆陈列艺术总体设计》一书中总结陈列历史的三个发展阶段为：第一阶段——陈列的"三位一体"时期；第二阶段——陈列的"标准化设计"时期；第三阶段——陈列的多元理念融合设计时期。② 三个阶段分别对应的是博物馆角色的变化，包括：（1）17世纪晚期至19世纪初，以"收藏"为核心要务的博物馆开放其藏品库或研究室。博物馆开始具有陈列展示功能；（2）20世纪初，综合了设计理念与教学，博物馆的藏品辅以图文标签被陈列在规矩的展柜中。这一阶段，博物馆的收藏、展示、教育功能并驾齐驱；（3）20世纪中期至今，博物馆响应社会变革和公众需求，在原有收藏、展示、教育功能之外，衍生出形塑文化、记录集体记忆、引导交流与思考等功能。博物馆的展览理念也因此有了更丰富的主题，更多元的视角，更创新的展示风格，完成了从以"物"为中心藏品展示到以"信息"为中心的叙事体系的转变。

---

① 陆建松. 博物馆展览策划：理念与实务［M］. 上海：复旦大学出版社，2016：20.
② 徐乃湘. 博物馆陈列艺术总体设计［M］. 北京：高等教育出版社，2013：36.

显而易见，现阶段博物馆展览的灵活度远远大于博物馆发展初期。但是，博物馆展览的灵活性并非毫无限制，它取决于博物馆的类型和展览定位。

按照陈列和收藏所属的学科分类，博物馆可以分为：

### 一、艺术类博物馆

艺术类博物馆主要陈列美术品、工艺品。这类博物馆包括美术馆、建筑博物馆、电影博物馆等。例如，中国美术馆、美国大都会艺术博物馆（The Metropolitan Museum of Art）。

### 二、考古和历史博物馆

考古和历史博物馆主要展示特定历史时期、特定地域的历史文化特色和进程。这类博物馆包括历史文物博物馆、军事博物馆、历史人物纪念馆等。例如，中国人民革命军事博物馆、秦始皇帝陵博物院等。

### 三、自然科学博物馆

顾名思义，自然科学博物馆的展览主题与生物学、地质学、植物学、动物学等自然科学学科有关。例如，英国自然历史博物馆（Natural History Museum）、国家自然博物馆、新加坡李光前自然历史博物馆（Lee Kong Chian Natural History Museum）等。

### 四、工业与科学技术博物馆

科学技术博物馆是以展示科学理论、科学发现、科学技术成果应用、科技发展趋势的一类博物馆。它包括天文馆、科学中心、工业博物馆等。例如，伦敦科学博物馆（Science Museum）、中国科学技术馆、德国纽伦堡天文馆（Nicolaus Copernicus Planetarium）、美国芝加哥科学与工业博物馆（Museum of Science and Industry）。

### 五、综合博物馆

综合博物馆是收藏、保护、传播并展示多种类型藏品的博物馆。综合博物馆一般兼有社会科学与自然科学双重属性，并且建筑规模大、藏品体量大。世界上著名的综合博物馆有中国国家博物馆，位于英国伦敦布卢姆茨伯里的大英博物馆（British Museum）等。

### 六、专题博物馆

专题博物馆系统研究和陈列特定专题或专门学科，且这些专题、学科不包括在上述各类博物馆的范围内。这类博物馆立足行业特点和地域文化特色，填补博物馆展示主题的空白。专题博物馆近年来发展迅猛。例如，以展示为纪念特殊历史事件汶川大地震而设立的博物馆5·12汶川特大地震纪念馆，以展示各类风筝为主题的日本东京风筝博物馆（Taimeiken Kite Museum），以物为载体展示情绪的克罗地亚萨格勒布失恋博物馆（Museum of Broken Relationship），等等。

博物馆通过将环境设计、展品组合、辅助设施或手段组合成陈列语言，向观众传递知识、思想和情感。陈列语言的元素形式多样，包括但不限于展品、辅助道具、图件（包括照片、配图）、图表、模型、环境氛围（灯光、色彩）、多媒体设备、展柜等。[①] 博物馆在表达展览主题时，既可以以独立展陈元素呈现，也可以以展陈元素组合的形式出现。展陈语言以何种方式呈现主要取决于展览的类型和展览的定位。例如，艺术品展览需要给观众以充分的思考空间，故其展览语言往往简洁明了；考古和历史展览既要普及知识又要传播文化，这类展览的语言需要做到客观、严谨、规范、易懂。它的展览表达常通过简单的文字辅以图件、图表的方式来表达；自然科学展览的主要目的是科学普及，因而其展览元素常常以多元素组合方式出现，目的是多角度诠释展览主题；工业与科学技术展览需要突出的是科技成果、科学原理。这类展览更强调动态展示效果，因而会借助模型、多媒体设备来直观表达展览主题；纪念性展览侧重于唤醒集体记忆、营造情绪氛围，因此，这类展览对环境氛围的要求较高。

  显而易见，现代博物馆展览早已跳出了最初囤积居奇、罗列收藏的旧模式，变革成为以展示语言串联展品，系统性诠释信息的"理解型"，甚至是"思考型"展览模式。在展览理念的发展与变革中，展览语言功不可没。它强大的可塑性，使其传递的信息量和信息层次灵活多变，可以配合不同的展览定位达成信息传播的预期效果。

---

[①] 黄洋，陈红京. 博物馆陈列展览设计十讲 [M]. 上海：上海交通大学出版社，2019：40-57.

# 第二章

# 信息可视化的相关成果及其理论应用

## 第一节　什么是信息可视化

"信息"一词在英文中为"information",日文中为"情报",它在当今社会中无论哪一种文化中出现的频次都极高。20世纪40年代,信息论的创始人克劳德·埃尔伍德·香农(Claude Elwood Shannon)给出了"信息"的定义——"信息是用来消除随机不确定性的东西"[①]。之后,经过不同领域学者的完善,"信息"被定义为经过加工后的数据,它蕴含着事物的特征、现象和规律。信息实质上可划分为两个层面的内容:一为符号,二为意义。符号是信息的形式和载体,意义是信息的内涵和精神。在传播活动中,"符号"和"意义"合而为一,意义通过符号的形式与对象交流。信息以物理刺

---

① 李帮义,王玉燕.博弈论与信息经济学[M].上海:上海三联书店,2016:135-145.

激的形式作用于我们的感觉器官，然后这些信息又被传送到大脑，从而产生各种心理活动。

信息的可塑性很强，它可以被加工成多种形式传播，例如，高度抽象简化的文字加工、自然多变的声音加工、直观具象的视觉加工等。其中，信息可视化（Information Visualization）是对信息的视觉化加工。视觉是所有感知觉中最重要的组成部分，它可以获得形状、距离、亮度、颜色等丰富的信息。视觉信息处理是人类大脑的核心功能，大脑皮层约 1/4 的面积都参与这项工作。① 与其他感知觉相比较，视觉在人类对事物的认知中占据统治性地位。②

"信息可视化"最早由罗伯森·卡德·麦克金利（Robertson G G, Card S K & Mackinlay J）在 1989 年发表的文章 *The cognitive coprocessor architecture for interactive user interfaces*（《用于交互性用户界面的认知协处理器》）中提出。③ 但是人类以图形语言记录信息的行为却可以追溯到远古时期。大约在公元前 7 世纪的古巴比伦的陶片上，考古学家发现了世界上现存最古老的地图（图 2-1）。地图上以简单的线条和形状描绘了区域内的农田灌溉网络，还对一些标志性的地点进行了标注（图 2-2）。这一阶段可以视作信息可视化的萌芽阶段——人们有记录信息的愿望，也有把信息转化为图形的行为，

---

① 鲍敏，黄昌兵，王莉，等. 视觉信息加工及其脑机制［J］. 科技导报, 2017, 35 (19): 15-20.

② JOSEPH, D, NOVAK. Meaningful learning: The essential factor for conceptual change in limited or inappropriate propositional hierarchies leading to empowerment of learners [J]. Science Education, 2002, 86 (4): 548-571.

③ ROBERTSON G G, CARD S K, MACKINLAY J. The cognitive coprocessor architecture for interactive user interfaces [C] // Proceedings of the 2nd Annual ACM Symposium on User Interface Software and Technology. 1989, Williamsburg, West Virginia, USA, November 13-15, 1989. ACM, 1989.

但是信息形式的转换是无意识、无规则的。

中世纪，在基督教神学思想的笼罩之下，星座、药物、数学等学科也在悄然生长。古罗马博物学者老普林尼（Gaius Plinius Secundus）在著作中用线形图记录行星轨道（见图2-1、图2-2），西班牙修道士用圈线图示意耶稣家谱……

**图2-1　古代陶片上的地图示意图**　　**图2-2　古代陶片上的地图细节示意图**

中世纪末期，1418年，葡萄牙亲王亨利派出航海探险队向南探索几内亚，衔接起了人类由自认为"全知"到承认"未知"的大航海时代。地理上的大发现引发商业全球化，间接助推了科学革命。随着科学技术的进一步发展，更多的学科开始有意识地采用图表去诠释新知识。德国哲学家亨德（Magnus Hundt）（1449—1519）在 *Antropologium de hominis dignitate*, *natura et proprietatibus*, *de elementis*, *partibus et membris humani corporis*（《人类学——关于人的优点、本质和特性以及人的成分、部位和要素》）中绘制了人体结构图；1645年，荷兰天文学家、制图师迈克尔·范·朗格伦（Michael Van Langren）出版发行首张月球地表细节图，并首次使用著名天文学家、科学家的名字命名月球山脉及其他地表特征。这一时期是信息可视化的成型期——信息图表频繁地出现在人类科技文明中，发挥知识诠释的作用。不过，比起信息可视化的后续发展，成型期的信息图表主要还是诠释静态的、同类型的信息。1765年，英国自然哲学家、化学家约瑟夫·普利斯特里（Joseph Priestley）开创性地以线段表现人的一生。他在一张图中表现了公元1200年至公元1750年期间2000个名人的生平。他所发明的时间线图可以看作是柱状图的前身。时间线图将多类信息集成表现在一张图中，意味着信息的图文表达进入新的阶段。

之后，各类学科不断发展，信息可视化的表达方式更加多维，应用也更加广泛。加拿大安大略省约克大学的心理学教授迈克尔·路易斯·弗兰德利（Michael Friendly）总结道：当今信息可视化领域已经扩展到包含许多新形式的数据、数据结构，除了提供美学上令人愉悦的简单静态可视化之外，信息可视化领域已经开始实现对显示数据的认知和感知方面的理解。这一阶段可以称为信息可视化的信息交互时代。

现代信息可视化起源于人机交互、计算机科学、图形、传媒设计、心理学和商业方法领域的研究。它被广泛地用作科学研究、数位图书馆、数据挖掘、金融数据分析、市场研究、制造业生产管理等领域。[1] 信息可视化有一些相近的概念，例如，数据可视化、科学可视化等。这些概念之所以相近是因为它们都含有一个核心词——

---

[1] CARD S K, MACKINLAY J D, SHNEIDERMAN B. Readings in Information Visualization: Using Vision to Think. Series in Interactive Technologies [M]. Burlington: Morgan Kaufmann, 1999: 35-40.

"可视化"。可视化的覆盖面很广，是指用于创建图像、图表或动画以传达信息的任何技术。"数据"和"信息"既有联系也有区别。凡是可以用写、画、录音、录像的方式记录的都可以叫作数据。而信息是以数据形式出现，是真实世界客观存在的反映。可以说数据被赋予了一定意义的信息的形式。说到这里，数据可视化和信息可视化的概念就很好区分了。数据可视化是将数据转换为可视形式，它包含科学可视化、信息可视化和可视分析。其中，科学可视化是对科学实验数据的全面直观展现，信息可视化是对抽象数据的选择性直观展现。拜德森和施奈德曼（Bederson B & Shneiderman B）定义信息可视化是对抽象数据进行（交互式的）可视化表示以增强人类感知的研究。抽象数据包括数值和非数值数据，如文本和地理信息。科学可视化注重于给定空间的表征，而信息可视化则侧重于选取的空间表征。[①] 毫不夸张地说，信息可视化的处理过程比数据可视化具有更为复杂的步骤，它需要以增强人类感知为目的，对信息进行统计、分类、筛选、拓展、合并、强化。显然，在将庞杂的信息转化为可视化图表的过程中需要的不仅仅是技术，而更多的是智慧。

## 第二节 从信息到智慧：信息可视化的应用

当今社会是信息化社会，我们生活中的每个角落，每一秒钟都充斥着信息的交互。信息是无形的，它通过不同的载体实现传递和

---

[①] BEDERSON B, SHNEIDERMAN B. The Craft of Information Visualization: Readings and Reflections [M]. Burlington: Morgan Kaufmann Publishers Inc, 2003: 178.

表达的目的，因而可塑性极强。美国公共关系学家道格·纽瑟姆（Doug Newsom）认为，可视化表达是人类不断挑战交流方式的产物。对信息进行合理的可视化，不仅带给人们视觉上的冲击，化繁为简，更能具象化揭示信息之间的规律、关联。正因如此，信息可视化被广泛应用在新闻出版、平面广告、刊物排版、产品包装设计、网站形象设计、展览设计等领域。

根据传播特点、传播目的的不同，不同领域的信息可视化的特征存在差异性。以最常见的报刊、平面广告、博物馆解说牌为例，三者的信息容量、信息表达方式、信息特点都存在不同（见表2-1）。

表2-1 不同信息载体可视化表达特点对比表

| 表达特点 | 报刊 | 平面广告 | 博物馆解说牌 |
| --- | --- | --- | --- |
| 传播介质 | 文字、图像 | | |
| 浏览时间 | 不受限 | 浏览时间短 | 浏览时间可长可短 |
| 信息表达特点 | 多元、多层次 | 有主题、简洁明了 | 有主题、体系化诠释 |
| 目录索引 | 有 | 无 | 有简单的索引 |
| 阅读环境包容度 | 包容度大 | 色彩、灯光要求 | 色彩、灯光、场地等要求 |
| 与周围环境关联度 | 无关 | 有一定关联 | 关联度高 |
| 感官刺激 | 视觉 | 视觉 | 多感官（视、听、嗅、触、具身体验） |
| 观众观看目的 | 无目的 | 无目的 | 有目的 |
| 观众观看行为 | 静态 | 静态 | 动态 |

下面我们将随意比较下报刊、平面广告、博物馆解说牌的一些特点。报刊主要以文字和图像作为传播介质。由于报刊读者在获取信息的时候不受时间限制，并且可以视自身的阅读习惯，按照不同顺序，或是重复阅读的方式加深对信息的理解。因此，报纸杂志中

的信息可以从不同维度进行可视化处理。在信息的表达方式上，报刊不局限于追求信息的简明易懂，而是可以设置不同层次的表达方式，以服务于具有不同知识背景的读者。而且，报纸中醒目的大标题和杂志的目录，对读者的阅读起引导作用。读者通过浏览标题或目录就可选择自己感兴趣的内容进行深度阅读。这意味着读者在阅读报刊时是出于有目的的阅读状态，更容易集中注意力，信息传达的效率更高。另外，读者在阅读报刊时，对于阅读环境并没有过高的要求，这也可以理解为读者所处的外部环境对于读者理解报刊信息并无太多干扰。与之相比，平面广告则截然不同。作为广告商与受众之间的媒介，平面广告内容简洁明了、目标明确、立场鲜明，并且需要与周围环境达成和谐统一。平面广告的受众一般为随机观赏，不带有明确的观看目的，通常不会长时间观看平面广告。因此，平面广告必须在设计手段上有所侧重，通过文案、图形、线条、色彩、编排等迅速抓住受众的注意力，使受众只是不经意地一瞥，就能捕捉到平面广告的关键信息。与平面广告类似，博物馆解说牌信息可视化的效率也受周围环境的影响。不过，由于博物馆解说牌在特定空间内装置，它吸引观众注意力的先天条件显然要优于平面广告。在博物馆内，标本带来的视觉、触觉刺激，多媒体带来的听觉刺激，无疑将激发观众对于解说牌信息的阅读兴趣。当然，与报刊、平面广告相比，博物馆解说牌的信息可视化也有其局限性：（1）缺乏目录索引，博物馆观众只能通过展厅名称知道展厅的主题，却并不知道解说牌将从哪些方面，按照怎样的逻辑线索对展厅主题进行解读；（2）展厅主题需要体系化的诠释，因此博物馆展厅内标本与标本、标本与解说牌、解说牌与解说牌之间都需要有一定的关联性、逻辑性；(3) 观众在博物馆的观看行为并非静止的，而是伴随着移步换景。因此，观众在博物馆观看解说牌的过程中既有心理活动也有体力消耗，这种参观活动一方面降低了观众反复观看解说牌的可能性，另一方面也决定了观众在参观的不同阶段，其注意力伴随着体力的消耗会有明显的耗散。

可见，信息可视化的应用是一个由信息到智慧的过程。信息可视化的方式、内容必须根据信息载体、接收对象、传播过程而有所区别。对博物馆解说牌这个特殊的媒介而言，其信息可视化的设计必须做到以下四点：(1) 重视设计，通过图文设计彰显信息的直观性、可读性和美观性；(2) 根据展览主题、参观流线、展厅环境等做出相应的布局；(3) 需要考虑到"博物馆疲劳"现象，对展线前—中—后阶段做有张有弛的调整；(4) 解说牌信息不可一味求多求全，而应考虑观众可能的驻留时间，突出信息亮点，过滤掉复杂晦涩的信息。

## 第三节　认知科学中的信息与视觉"互动"

信息可视化的发展受两个主要因素驱使，一是大数据时代的信息爆炸，信息接收者需要专业人士通过专业手段对信息进行多次"编码"，使其完成"信息—知识—智慧"的升华，从而帮助信息接收者从大量纷杂、繁复的信息中提取有用、可用的信息。2010年8月，Google 的前任执行官埃里克·施密特（Erich Schmidt）在一次会议上宣布，人类有史以来至 2003 年所创造的信息量为

5 EB（1 EB=1073741824 GB。EB 是计算机存储单位，全称 Exabyte，中文名叫艾字节）。而如今，我们每两天就会产生相同数量。信息膨胀的速度比任何人想象的都要快得多。[①] 信息爆炸使人们感受到已知信息与应知信息之间的巨大缺口，从而产生信息焦虑。[②] 对海量数据、信息进行梳理、分类、重组和加工，过滤无用信息，建构可视化信息体系，成为大数据时代最为现实的公众心理需求，它将缓解信息风暴给人们带来的信息焦虑。

二是人类的视知觉工作机制影响大脑的理解和认知。人类对外部信息的感知，80%是通过视觉获得的。大脑就好比一个超级计算机，一半以上的组织结构都与视觉信息的加工处理有关。[③] 人工神经网络、脑神经科学等相关科学研究证实，人类视觉中枢具有层次结构，呈阶梯级联。低级视觉中枢向高级视觉中枢提供信息，高级中枢也向低级中枢发出反馈信息[④]，从而决定低级中枢的"注意力"和"焦点"。

纽约大学心理学专家吉米·布洛诺（Jerome Bruner）在实验中发现，人们能够记住10%所听到的东西，30%所读到的东西，却可以记住80%所看到的东西。宾夕法尼亚大学沃顿商学院通过对单纯的文本文件和以视觉语言为主的文件对受众的说服效果进行对比，

---

[①] 阿尔伯托·开罗. 不只是美：信息图表设计原理与经典案例［M］. 罗辉，李丽华，译. 北京：人民邮电出版社，2015：77-83.

[②] MURMAN R S. Information Anxiety：What to do When Infomation doesn't Tell You What You Need to Know［M］. New York：Bantam Books，1989.

[③] 东方新闻. 上海科学家发现大脑"视觉感知"新机制［EB/OL］. 中国科学院网站，2018-03-30.

[④] GUO R，SHI X P，JIA D K. Learning a deep convolutional network for image super-resolution reconstruction［J］. Journal of Engineering of Heilongjiang University，2018，9（04）：52-59.

发现67%的受众认为包含视觉语言的文本更有说服力。① 斯莱文②在《教育心理学》的"学习的信息加工理论和认知理论"一章中指出,信息可视化揭示信息之间的内在逻辑关系,以及多元信息相互关联的知识网络,降低了学习者的认识负荷,促进新旧知识的关联与整合,变机械学习为有意义学习,极大地提高学习效率。

既然视觉是获取信息最丰富的感知觉,我们就有必要了解视觉加工原理和过程。简单的"视觉"两个字,实际包含了复杂的眼睛与大脑的工作系统,即我们所常说的"看见—看到—看懂"的完整过程。"看见"是一种感觉,它发生在视觉系统的初期加工阶段。当光照在物体上,物体所反射出来的光将关于物体的信息传递到眼睛,我们"看见"了物体。接着,光信号对视网膜的感受器产生刺激,完成了从"光信号"到"电信号"的转化。电信号携带着物体的信息传输到大脑,形成了人脑对于物体的印象。于是,我们"看到"了物体。截至这一步,视觉的工作基本上是一种机械程序,可以理解为照相机的成像过程。不过,人眼的视觉加工还远远没有结束,除了感觉、知觉,还有认知参与其中。苏联心理学家阿尔弗雷德·雅布斯(Alfred L. Yarbus)做过一项著名的眼动实验。实验显示,当我们面对人脸时,眼睛首先会关注人脸的个性特征和能够传递情感的部位。这证明眼动与所看到的内容几乎是完全独立的。③ 类似的实验还有很多,它们都证实人眼所见物体不仅只有物体本身,还有

---

① 保罗·M. 莱斯特. 视觉传播:形象载动信息[M]. 北京:广播学院出版社,2003:44.
② 斯莱文. 教育心理学[M]. 姚梅林,译. 北京:北京人民邮电出版社,2004:55-58.
③ YAEBUS A L. Eye Movements and Vision[M]. New York:Springer,1967:220.

大脑对信息的加工所共同建立的认知结果，这也就是我们本节所关注的信息与视觉的互动。一些有趣的视觉现象可以帮助我们理解信息与视觉的互动。

## 一、中心视觉和外围视觉

我们每个人都有这样的经验，当我们的意识引导我们关注某个细节，我们的眼睛会接受大脑的指令，注视这个细节，并且让这个细节占据整个视野。这时，我们会发现我们注视细节外围的事物影像变得模糊不清，我们甚至无法获取外围事物的颜色信息。可见，人眼视觉有局限性，就算事物近在眼前，也未必能尽收眼底。

人眼的视野范围是180°，但是能清楚分辨事物的视野范围却只有位于视网膜中心凹的区域的2°范围。视网膜上包含两种感光细胞——视杆细胞和视锥细胞。视杆细胞主要感受弱光、暗视觉以及没有颜色的视觉，视锥细胞主要感受强光、明视觉以及有颜色的视觉。视网膜中心凹的面积只有$1\ mm^2$，只包含视锥细胞。中心凹以外的区域被称为外周视网膜。外周视网膜上则同时分布有视锥细胞和视杆细胞。与此同时，视网膜上还有一个区域没有感光细胞，被称为盲点。正是视网膜上感光细胞的分布决定了人眼视觉的局限性，造成了中心视觉和外围视觉的差异。

## 二、视错觉

常言道"耳听为虚，眼见为实"，但是，我们所见到的就一定是真实的吗？回答是否定的，人眼会有错视的情况。错视，也称视错觉，它包括几何错视、生理错视、认知错视。其中，几何错视是最早被人类认识到并展开研究的视错觉类型。1855 年，奥佩尔（J. J. Oppel）首次发表了对错觉的科学分析，之后，研究者们陆续发现并总结了多种类型的几何错视，如艾宾浩斯错视、赫林错视等。

几何错视是指视觉上的大小、长度、面积、方向、角度等几何构成，和实际上测得的数字有明显差别的错视。

艾宾浩斯错视：图 2-3 左右各有一组圆。左侧中心的圆被 6 个大圆围绕，右侧中心的圆被 8 个小圆围绕。视觉会认为左侧中心的圆比右侧中心的圆的直径小，但实际上两侧中心的圆直径相同。

赫林错视：被衬托在一系列斜线上的两条平行直线会受斜线的影响而让人感觉它们是弯曲的（图 2-4）。

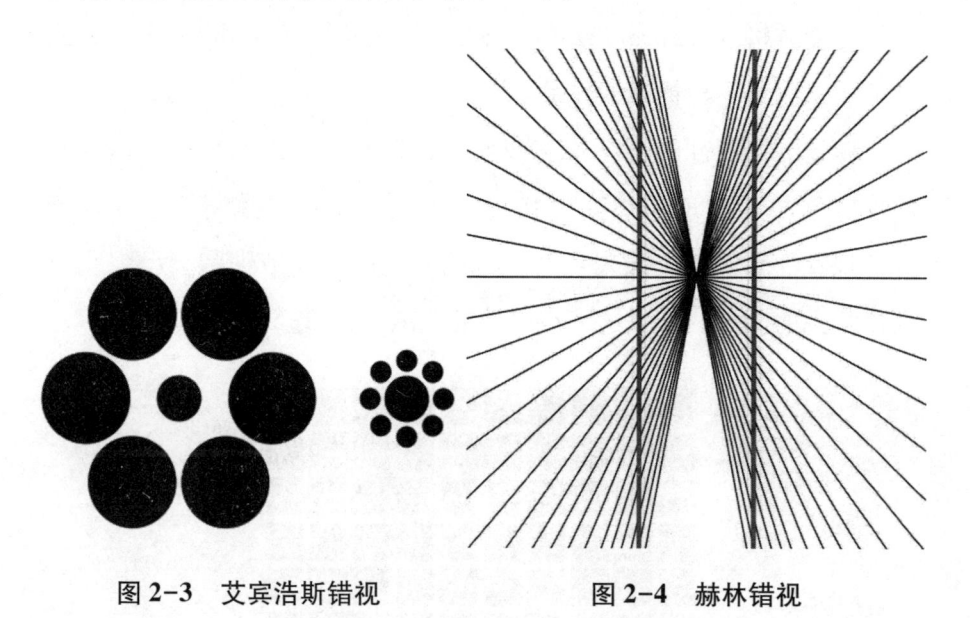

图 2-3　艾宾浩斯错视　　　　图 2-4　赫林错视

生理错视主要来自人体的视觉适应现象。人的视觉器官经受过度刺激后钝化，造成补色及残像的生理错视。白光是由不同波长的单色光组合而成。当视网膜上的细胞受某种单色光刺激后，人眼产生疲劳感。在视线离开该色后，受到过度刺激的细胞暂时无法作用，从而使受刺激的另一部分细胞开始活动，产生所视颜色的补色的视感。这是视神经在过度疲劳之后进行自我调节恢复的负残像视觉生理现象。视觉关注度和色彩刺激越强，负残像效果越明显。当然，这种刺激也不全部来自颜色的刺激。人眼若长时间注视某个物体后闭上眼睛，会发现视网膜上的影像感觉并不会立即消失，这种视觉印象在人眼中大约可保持0.1秒之久。如果两个视觉印象之间的时间间隔不超过0.1秒，那么前一个视觉印象尚未消失，而后一个视觉印象已经产生，并与前一个视觉印象融合在一起，就形成视觉残（暂）留现象。这也是动画片的制作原理。

赫曼方格（Hermann grid illusion）和马赫带（Mach bands）是最常被用来解释生理错视的作品。

赫曼方格由德国科学家赫曼发表在期刊上，因而得名。当人眼注视黑色方格之间的白色空间时，灰色的点竟然"隐身"了。对于这一现象的解释是人眼聚焦时，视网膜里的神经节细胞会增强焦点处接收到的刺激，减弱这一点之外的刺激（图2-5）。

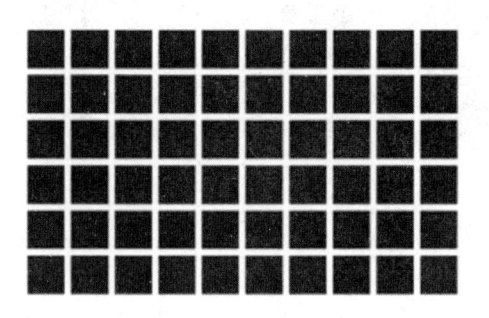

图 2-5　赫曼方格

马赫带是奥地利物理学家马赫发现的一种明度对比现象。人眼一种主观的边缘对比效应。视觉系统会在不同强度区域的边界处出现"下冲"或"上冲"现象。当观察不同亮度区域时，交界处的亮度对比加强，使轮廓更为明显（图2-6）。

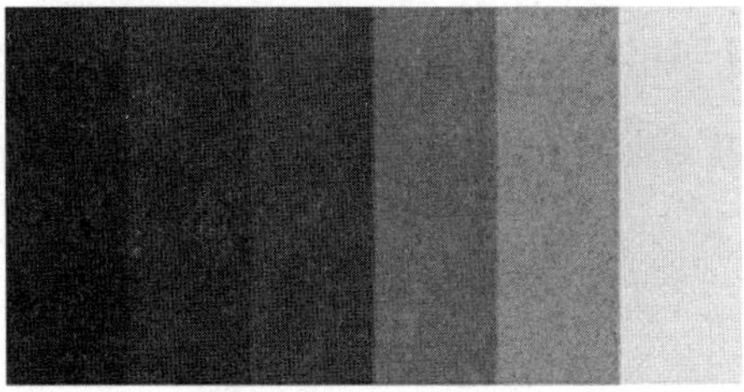

**图2-6 马赫带**

认知错视与人们的主观经验有关。人对当前事物的感知总是受着过去经验的影响。例如，人们习惯以大的背景作为参照物，认为大的背景是静止的，而小的物体是在运动着的。还有例如形重错觉，当人们在提一定重量的物体时，会先以视觉提供的信息作为判断，然后用大一点的力气去提大物体，用小一点的力气去提小物体，结果便感到原本重量相同的两个物体重量不同，总觉得较小的物体重些。类似的认知错觉还有很多。

视错觉现象反映了知觉系统对于标准知觉环境的某种特殊的适应性，这种适应性经过长期的进化被根植于我们的大脑。通过对错觉现象的研究，我们不仅可以更全面地了解人们认识客观世界的规律，而且还可以在艺术设计、建筑装潢等领域中借助视错觉规律，提高视觉信息的传达效率。

### 三、明暗与色彩

相信我们都曾有过这样的经验——当我们从明亮环境走入黑暗环境的一刹那，会感觉自己"失明"了，什么也看不见。但当我们在黑暗的地方待上一会儿，就会发现自己的视觉逐渐恢复，可以分辨明暗，甚至可以看见之前看不见的物体了。这种视觉对明暗的适应性现象在 2007 年探索频道的一档节目《流言终结者》（*Myth Busters*）中被深入探讨过。

节目的目的是调查并探讨关于海盗戴眼罩的传说的真伪性。传说海盗只要佩戴独眼眼罩，就能保持眼睛的夜视能力。为此，节目组做了对比测试。一组测试者直接从亮环境进入暗房，另一组测试者在进入暗房之前先蒙住双眼 30 分钟。实验研究人员分别测量两组测试者在暗房中看清房内物品所需的时间。实验结果显示事先蒙住双眼的测试者适应暗环境，并且看清屋内物品所需的时间比第一组测试者要短得多。也就是说，当人眼处于黑暗之中时，视杆细胞的感受性迅速提升，表现为人眼暗适应的提升。研究人员总结人眼暗适应的过程。当光线消失，视锥细胞和视杆细胞的感受性都会开始提升，但是二者提升的速度不一样。在暗适应之初，视锥细胞的感受性比视杆细胞高。3~5 分钟之后，视锥细胞感受性达到峰值，之后趋于平稳。而视杆细胞则"后来者居上"，在黑暗中的第 7 分钟左右达到与视锥细胞相同的感受度，之后逐渐超过视锥细胞，在 30 分钟左右达到峰值。《流言终结者》节目中的实验，实际上是用蒙眼的方式，使被测人员眼睛的视锥细胞和视杆细胞提前完成适应过程，从而达到在暗环境中更快看清物品的效果。

以上是人眼对明暗环境的适应特点和原理。实际上，人眼对于可见光谱中的不同单色光的感受性也有不同。

研究证明视杆细胞对波长 500 纳米的光最为敏感，而视锥细胞对波长 560 纳米的光最为敏感。那么，结合两类细胞对明暗环境的适应性，则可以知道，当人进入暗环境，完成暗适应，也就是由视杆细胞主导视力之时，人眼对于光谱左端接近蓝绿色的光更为敏感。

可见，在不同的明暗环境中，人眼对于颜色的感受度不同。这对于注重环境整体性设计的博物馆策展格外具有启发意义。博物馆展板的颜色设计不能只重视美学表达，还要综合考虑人眼的视觉规律，这样才能为展板信息的有效传达提供保障。

**四、格式塔理论**

格式塔心理学也称为完形心理学，是西方现代心理学的主要流派之一。在格式塔理论出现之前，有些学者认为知觉是由感觉构建而成的，是感觉的叠加。但在格式塔心理学家看来，知觉与感觉却并不存在这种整体与部分的关系。格式塔心理学创始人之一，德国心理学家麦克斯·韦特海默（Max Wertheimer）在一次旅行中受玩具频闪仪的启发，用实验方法研究了似动现象（Apparent Movement）。频闪仪是一种机械装置，它通过快速交替呈现两个略有不同的图片来形成运动错觉。麦克斯·韦特海默根据这个现象进行实验，得出结论——当视网膜受到两条闪光线段的刺激后，会刺激皮层相应区域的兴奋。在特定的时空条件下，这两个兴奋回路之间发生融合，形成短路，因而得到运动的印象。而这个现象是不能由感觉所解释的，因为物体本身并没有发生位移。1955 年意大利心理学家加埃塔诺·卡尼萨（Gaetano Kanizsa）描述了一种三角形。这个三角形并没有轮廓线。它的三角形的印象是由三个缺角的黑色圆形围成的错觉轮廓。"似动"和"错觉轮廓"的案例支持了格式塔理论，即知觉并不完全由感觉建构；任何一种经验现象，其中的每一成分都牵连到其他成分，每一成分之所以有其特性，是因为它与其他部分具有关系。由此构成的整体，并不决定于其个别的元素，而局部过程却取决于整体的内在特性。完整的现象具有它本身的完整特性，它既不能分解为简单的元素，它的特性又不包含于元素之内。这也是格式塔心理学的标志性论断——整体不等于部分之和。

  格式塔心理学认为，人类对于任何视觉图像的认知，都是经过知觉系统组织后的形态与轮廓。它的核心完形法则有四个：一是"相似律"，人的眼睛和大脑更容易组织相似的事物，更倾向把相似的事物看成一体；二是"接近律"，在事物间拥有一定距离的前提下，人类更倾向将靠近的而非相似的事物看成一个整体；三是"连续律"，人的大脑倾向将事物看成连续的形体；四是"封闭律"，人类在观察事物时，倾向于根据固有的经验，将多个独立的元素视为一个封闭的整体，人们的大脑会自动填补元素和元素间的空白部分。

  现实生活中可以验证格式塔理论的案例很多。例如，被放置在书桌后面的座椅，被书桌挡住了主体部分，只露出了椅背。但是，当我们的眼睛捕捉到椅背的特征信息之后，我们的大脑会形成椅子的完整形象，从而判断出书桌后面的物品是椅子。格式塔理论的意义在于人们一旦对某一事物形成整体的知觉经验，构成它的各个部分即使发生一定的改变，只要整体的关系不变，认知就不会随之改变。无论物体如何变形、旋转、放大、缩小，人们都能够透过其轮廓或特征来判断这个物体。

格式塔的理论帮助人们清楚地认识知觉系统对环境元素的组建过程和认知规律。同时，格式塔理论也探讨了知觉分割的规律。19世纪末20世纪初，科学界出现了许多思想潮流，其中，量子理论先驱马克思·普朗克（Max Planck）所提出的"场论"对格式塔派心理学家产生了较大影响。沃尔夫·苛勒（Wolfgang Kohler）在1920年出版的《静止状态中的物理格式塔》一书的序言里专门向普朗克致谢。苛勒在此书中采用了场论，认为大脑是具有场的特殊的物理系统。我们可以把这种场论视作是格式塔理论对于"完形"的逆向思考，即知觉分割。在知觉分割的尝试中，知觉场被分成图形与背景两部分。"图形"是一个格式塔，是突出的实体，是我们知觉到的事物；"背景"则是尚未分化的、衬托图形的东西。人们在观看某一客体时，总是在未分化的背景中看到图形的。重要的是，视觉场中的构造是不时变化着的。一个人看到一个客体，然后又看到另一个客体。也就是说，当人们连续不断地扫视环境中的刺激物时，种种不同的客体一会儿是图形，一会儿又成了背景。主体的外观轮廓给观察者的视觉感受更为强烈鲜明，背景则相对模糊。但两者的关系并不是一成不变的。丹麦心理学家埃德加·鲁宾（Edgar Rubin）提出的面孔—花瓶转换图，又称"鲁宾杯"，是这一观点的典型案例（图2-7）。

当花瓶被视为图形时，我们的知觉告诉我们它在一个均匀的深色背景前面，而当面孔被视为图形时，我们的知觉告诉我们它在一个均匀的浅色背景前面。可见，人类对于知觉对象的捕捉，是一个相对主观的过程，当知觉对象发生改变，主体与背景间也可以相互转化。

图 2-7　面孔—花瓶图形背景转换图

　　格式塔所解释的现象是环境中经常出现的现象。人们有时会认为这些不过是生活中显而易见的事情罢了。但是格式塔理论正是通过探究这些情理之中的事情的原委，来认识知觉系统的工作原理，从而探讨更有效率的视觉信息传达。因此，格式塔心理学创始人主张格式塔效应的普遍有效性，认为它可以被应用于心理学、哲学、美学和科学的任何领域。格式塔心理学代表人物鲁道夫·阿恩海姆（Rudolf Arnheim）将格式塔心理学理论引入艺术领域，将视觉与思维关联，阐释了种种创作形式与视觉本质上的关系问题。阿恩海姆认为，人们在作品中所看所感的视觉形象，并不只是对感官物质的机械性复刻，还包含现实给予的创造性领悟，其中蕴藏着多元的想象力与创造力，是人类宝贵的心理特质。因此，人们对事物的观察与感受，并不只是简单的"视觉"范畴问题，"心理特质"也发挥着作用，且二者并不是孤立的存在，而是作为一个整体活动着。他在《艺术与视知觉》中写道："我们的心智活动是作为一个整体而发生作用的。一切的直觉过程都包括思考，一切的推理过程都包括直觉，一切的观察过程都包括创新。"①

从这一节的内容中，我们可以认识到视觉并不是一种简单的感觉，它在给人脑传递信息的时候糅合了环境刺激、经验、推理等知觉响应。考虑到人眼的工作原理、格式塔理论，博物馆展览的设计理应遵照这些原则和理论，方能达到信息与视觉的高效互动。

## 第四节 信息可视化与叙事

1928年，苏联文学结构主义学者弗拉基米尔·雅科夫列维奇·普罗普（Владимир Яковлевич Пропп）出版的《故事形态学》被认为是现代叙事分析的开山之作。但是，在大约40年之后，"叙事学"这一学术名词才首次出现在茨维坦·托多洛夫（Tzvetan Todorov）的代表作《〈十日谈〉的语法》中。此后的20世纪60年代至80年代被称为经典叙事学或结构主义叙事学阶段。对当时的叙事学影响最大的人物是结构主义语言学鼻祖——瑞士语言学家斐迪南·德·索绪尔（Ferdinand de Saussure）。索绪尔13岁时精通法、德、英、拉等语言，15岁开始尝试解释语言体系的通行性规则，21岁写了震惊欧洲语言学界的论文《论印欧系语言元音的原始系统》。本书第三节所提到的"格式塔理论"对索绪尔缔造新学派产生了深刻的影响。他认为，语言是由各个要素构成的系统。语言学研究的不是各个要素，而是各个要素之间的关系。人类社会在表达和传递有关周围环

---

① 鲁道夫·阿恩海姆. 艺术与视知觉 [M]. 成都：四川人民出版社，1998：121.

境和自身的认识成果时,有意识或无意识地使用了相当数量的自成体系的形式系统。这些形式系统不同程度地代替、代表、反映所要表达的主客体对象,如语言、手势等。如果将这些形式系统纳入一个范围,分析其规律,将得出范式,从而产生理论应用价值。

20世纪60年代,在法国结构主义人类学创始人克洛德·列维·斯特劳斯(Claude Levi-Strauss)的推广下,结构主义语言学开始广泛影响人类学、社会学、文学等几乎所有的人文社会学科。叙事学就是结构主义思潮与文学学科融合的产物。到20世纪90年代,叙事分析已经成为社会科学研究中的普遍方法。它比较常见的研究领域一是文学作品,二是电影。在结构主义理论中,每一个叙事都分成两个组成部分,一是故事,即内容或事件的链条;二是话语,也就是内容进行表达和传播的方式。① 在此基础上,叙事学家们分析了以叙事小说为载体和以电影为载体的叙事要素。以色列希伯来大学教授施洛米斯·瑞蒙-凯南(Shlomith Rimmom-Kenan)认为叙事需要满足两个条件:存在着双重时间性和一个叙事中介。《当代法国叙事理论》的作者让-米歇尔·亚当(Jean-Michel Adam)提出叙事的6个要素:(1)持续发生的事件;(2)统一的主题;(3)谓语的转变;(4)行动过程;(5)基于因果关系情节;(6)关于叙事整体的内隐或外显的评价。② 电影符号学宗师克里斯汀·麦茨(Christian Metz)深入分析了影片的叙事结构,提出了8大组合段概念,即非时序性组合段、顺时序性组合段、平行组合段、插入组合段、描述

---

① HENDERSON B. Review: Story and Discourse by Seymour Chatman [J]. New York, Ithaca: Cornell University Press, 1980, 33 (4): 23-24.
② JEAN-MICHEL ADAM. Les Textes: Types et Prototypes: Recit, Description, Argumentation, Explication et Dialogue [M]. Malakoff: Armand Colin, 2011: 156-159.

组合段、叙事组合段、交替叙事组合段、线性叙事组合段；并提出了5个辨识叙事的标准：（1）一个叙事有开头和结尾；（2）叙事是一个双重的时间段落；（3）任何叙述都是一种话语；（4）叙事的感知使被讲述的事件非现实化；（5）一个叙事由一系列事件组合而成。[1] 从以上诸位学者的论断中可以得知，受叙事目标和媒介特点的影响，叙事要素和叙事结构既存在共性也存在特性。

把叙事学置于视觉场域之中，作为一种符号，可视的形象如同语言符号一样具有"能指"和"所指"。在这里需要言明的一点是，可视形象的"能指"和"所指"存在两个向度的表达，一种是独立在语言之外的视觉形象，另一种是与语言互为释义的视觉化表达。本节所讨论的"信息可视化"显然属于后者。信息可视化的叙事的基础是信息。可视化将信息转换为一个可视的瞬间的图像，这个图像来源于信息文本，忠实于信息的内涵。但与纯文本的"能指"和"所指"不同的是，图像保有自主性的部分，可以衍生出更为多元的解读。如果说信息可视化的叙事中，语言文本体现对可视形象的控制和限制，图像则体现了形象的自治。

---

[1] SERBAN, SILVIU. The Hypotheses of Francesco Casetti's Viewon Cinematographic Enunciation [J]. Contemporary Readings in Law & Social Justice, 2014, 7 (1): 138-144.

第三章

# 博物馆解说牌中的信息可视化

博物馆作为国民教育的重要阵地,为全民终身教育提供独具特色且无可替代的非正规教育。近三四十年来,博物馆的教育功能受到了空前的重视,一跃成为博物馆公共服务业务中最重要的业务。1984年,美国博物馆协会(AAM,American Association of Museums)发布的《新世纪的博物馆》(Museum for a New Century)中评价道:"教育是博物馆的灵魂。"[1] 如果说社会教育体现了博物馆的目的,那么博物馆陈列就是达成教育目的的主要手段。[2] 因而,在博物馆向观众输出的自导式教育、探索式教育、体验式教育中,博物馆解说牌作为诠释博物馆陈列的重要载体,发挥着举足轻重的作用。可以说,博物馆解说牌的信息可视化效率是影响博物馆教育质量和效果的重要因素。

---

[1] HACKMAN R. Museums for a New Century. A Report of the Commission on Museums for a New Century [J]. Midwestern Archivist, 1985, 10 (2): 143-144.
[2] 严建强. 缪斯之声:博物馆展览理论探索 [M]. 杭州:浙江大学出版社,2020:27.

## 第一节　博物馆解说牌与信息可视化

博物馆教育是以"物"为介质的教育。近些年来，博物馆收藏的边界呈现出不断拓展的态势。许多具有代表性的物品，虽不具备文物价值，却因其承载的时代印迹和集体记忆，而被列入博物馆收藏范围，用于陈列展览。例如，中华人民共和国成立70周年之际，上海图书馆策划的《我家的红色记忆》展览中曾展出一位上海市民在1947年至2017年的家庭账本。从传统博物馆收藏的视角来看，普通市民的家庭账本并不具备文物收藏价值。但从社会群体记忆的角度看，拥有完整连续记录的家庭账本恰恰最能投射出时代变迁之下的民生百态，从而最能引发公众的共鸣。

然而，与书刊、平面广告等媒体不同，博物馆中以物为介质的教育信息的传播并不能单纯以"物"的形式来达成。其原因有二，一是博物馆中的"物"所承载的信息是隐性的，也是多维的。博物馆藏/展品在博物馆化的过程中，博物馆将现实世界中抽离出来的物转化为博物馆物。博物馆物需要借助信息可视化的手段转化成具有阐释与叙事能力的博物馆化的物。二是承担着教育信息输出"重任"的单件博物馆展品所表达的信息是碎片化的、非连续性的。教育信息只有当其具有连续性和系统性的时候，才能建立起有效学习所需要的主题和逻辑。因此，博物馆中独立的"物"所形成的知识断点，需要被放置于一个系统中去构建故事线，甚至是立体的故事群。这种以"物"的信息串联所组成的聚焦的主题、环环相扣的秩序和相互关联的逻辑是提高博物馆教育效率的行之有效的方式。基于此两点原因，如若简单地将展品放置于博物馆展览中，则并未真正完成展品的博物馆化。以上海图书馆展出的家庭账本为例，如果只陈列账本，而不加以阐释，则无法帮助观众有效理解策展人想要表达的理念，更无法达到用展品来传递信息的目的。

随着博物馆藏/展品边界的不断拓展，以教育为目的的博物馆展品阐释问题愈发凸显。如何有效诠释博物馆"物"的个体信息，如何组织一系列博物馆的"物"和"物的信息"，并借助信息可视化的方法来共同完成对展览主题的叙事支撑，是博物馆展览需要重点思考的问题。

费门·提尔顿（Freeman Tilden）在《阐释我们的遗产》（*Interpreting Our Heritage*）一书中提出"解说是一种教育活动，旨在通过原始事物，凭借游客的亲身经历，借助各种演示媒体来揭示当地景物的意义及其相互关系，而非传达一些事实"[1]。一些解说学专家认为解说媒介是传递解说信息的渠道和方式，解说本身就是一种非正规的教育活动。[2] 而解说牌是应用最为广泛的解说媒介。Kuehn D M[3]、钟永德和罗芬[4]给出解说牌的定义为：解说牌是以提供信息、警告或引导为目的而题写的木板、塑料板、金属板或空间，它通过

---

[1] TILDEN F. Interpreting our heritage [M]. Chapel Hill：The University of North Carolina Press, 1957：33.

[2] CHO K J. Developing an interpretive planning model for a national park system：stakeholder-based needs assessment study for Korea [D]. Ph. D. dissertation：Ohio State University, 2005：17-18.

[3] KUEHN D M. Developing an interpretive Guide for visitor [R]. Oswego：New York Grant Program, 1993：20.

[4] 钟永德, 罗芬. 旅游解说牌示规划设计方法与技术探讨 [J]. 中南林学院学报, 2006, 26 (1)：95-99.

文本、图片和示例等方式，与游客交流信息，达到引导游客、增强游客环境保护意识或管理游客行为的目的。

1964年美国西弗吉尼亚州的哈珀斯费里小镇（Harpers Ferry）成立了世界第一个专业解说服务机构——解说培训与研究中心。这个中心现在负责美国国家公园的解说牌示研究和设计工作。虽然，这里所提到的解说牌主要用于户外公园，在设计形式、内容上远没有博物馆解说牌那样灵活多变，但一些核心和共性的设计原则仍然值得参考借鉴的。综合整理Kuehn D M（1993）、Greg D（2001）、约翰·A. 维佛卡（John. A. Veverka）（2008）等人提出了一些关于户外公园解说牌的设计原则，包括：（1）控制文字篇幅；（2）统一语言风格；（3）"提尔顿提示"，即激发兴趣、引发关联、揭示信息、整体性概括、保持信息一致等。这些通用原则在博物馆解说牌的设计中也适用，但博物馆解说牌所要遵循的原则却远不止这些。

新考古学的领军人物路易斯·宾福德（Lewis R. Binford）曾在《追寻人类的过去：解释考古材料》（*In Pursuit of the Past*）中提出阐释考古学研究成果的目标是复原文化历史、重现人类的生活方式和重建文化过程。[①] 在此之后，英国考古学家，伊恩·霍德（Ian Hodder）提出考古成果的阐释应该更关注对人类的世界观和认知因素的解读。彼时，在博物馆领域也在发生服务理念的转向，即由"以物为中心"转向"以人为中心"。1990年美国博物馆协会在解释博物馆的定义时，将教育与为公众服务并列视为核心要素。2000年后，国内外越来越多的博物馆开始将"观众"置于工作的核心。2015

---

① 路易斯·宾福德. 追寻人类的过去：解释考古材料［M］. 陈胜前，译. 上海：上海三联书店，2009：132-135.

年，我国博物馆行业首部全国性法规文件《博物馆条例》正式出台施行，其中明确指出："博物馆开展社会服务应当坚持为人民服务、为社会主义服务的方向和贴近实际、贴近生活、贴近群众的原则，丰富人民群众精神文化生活。"在考古学阐释理论的启发下，博物馆教育理念发生了根本性的革新。传统的博物馆教育以展品为阐释主角，以专家的单科性研究成果为教育内容。现今的博物馆则更提倡"观众视角"的教育展示，从参观者的求知需求出发，以专业的、跨学科的知识配合参观者的认知能力和求知需求，对展品进行"二次阐释"。

显而易见地，"观众视角"的展览教育对策展人提出了更高的要求。从信息传播的角度看，相较于传统博物馆教育的单向输出，观众视角博物馆教育更接近于对话。对策展人来说，在设计博物馆解说牌时，设身处地的换位思考必不可少。首先，在解说牌的内容上要进行"学术"到"通俗"的降维翻译；其次，在知识点的维度上要借鉴前文所述的新考古学的思维，进行跨学科的剖析、诠释、拓展，甚至是"再造"；再次，就是从观众阅读习惯和美学欣赏的角度，对解说牌图文形式进行必要的艺术处理，使其美观、易读。

从技术手段上看，博物馆解说牌主要为图文信息可视化，形式上并不复杂，但在实际设计过程中，需要从学术知识的专业性、多元信息的融合、观众的认知水平、图文的配合等方面综合考虑。

通过本节的分析，博物馆解说牌是对博物馆物进行博物馆化的必要辅助手段，博物馆解说牌的设计需要在信息可视化表达原则下完成对信息的阐释，不过，在博物馆这个特定的空间里，解说牌的信息可视化方法、原则有其独特性。只有定位明确、表达内容清晰，并且图文形式和谐统一的解说牌设计才能向观众高效率地传递博物馆"物"的信息。

## 第二节 博物馆解说牌的分类与功能

当前社会是一个信息化的社会,信息的传递已经成为当代社会无时无刻不在进行着的活动。从本质上来看,信息是无形的,必须通过一定的载体对受众产生具体的感官刺激才能被接收,不同载体的传播方式决定了信息传达的效果。博物馆,作为一种传播媒介,它以一种特殊的"展览语言"向观众传达着自然、历史、科学等信息。诚如前一节所述,博物馆作为一种信息传播媒介具有其独特的传播特征,这也就意味着在探讨观众在博物馆信息接收过程的特殊性之前,我们有必要先讨论博物馆解说牌的应用范围、功能与信息可视化类型。

### 一、博物馆解说牌的应用范围

根据观众参观行为的特点,博物馆展览的解说系统可以分为前置部分和展厅部分。前置部分解说牌是观众在启动展览参观之前,在展厅的外部空间和展厅入口处所见到的展厅布局图、功能区域指向牌和展览简介。展厅部分解说牌是指展厅内部为诠释展品而设置的解说牌。当然,在以上解说牌之外,还有许多辅助诠释工具,例如,模型、触摸屏等,它们与解说牌一起组成了博物馆展览的解说系统。毫无疑问,解说牌是博物馆展览解说系统中最为基础、重要的诠释工具，它们是向观众传递展览信息的核心媒介。

## 二、博物馆解说牌的类型与功能

在探讨博物馆解说牌的功能之前，有必要先辨析其名称。在中国期刊网上分别以"说明牌""解说牌"为关键词检索文献。截至2023年8月，以"说明牌"为关键词的文献有9篇，以"解说牌"为关键词的文献有16篇。从检索结果看，两者研究热度均不高。不仅如此，研究者也未对两个名称进行概念上的区分。国外对于解说牌的研究要更为深入一些。弗里曼·提尔顿（Freeman Tilden）对美国国家公园解说系统进行的研究刷新了大众对解说牌的固有印象。他认为"解说的主要目的不是指导，而是激发。"斯蒂芬·比特古德（Stephen Bitgood）[1]等人对多家博物馆的解说牌进行实证研究，对解说牌的文字篇幅提出指导性建议，认为解说牌的文字篇幅不宜过长。贝弗莉·瑟雷尔（Beverly Serrell）系统性地研究了博物馆解说牌的类型、内容层级设定、形式设计模式等，并于1996年出版 *Exhibit Labels*：*An Interpretive Approach* 一书，该书的中文名被译为《博物馆说明牌：一种解说方法》。然而，根据《新世纪英汉大词典》[2]中的释义，"label"指标签、标题，"interpretive"指解释性的，说明性的。根据汉语词典的释义，"说明"意为"解释意义的话"，"解说"则是"一种解释说明事物、事理的表述法"，它是指用简洁明了的方式，将事物的形状、性质、特征、成因、关系、功

---

[1] BITGOOD S. Deadly Sins Revisited：A Review of the Exhibit Label Literature [J]. visitor behavior，1989，19（3）：27.

[2] 胡壮麟. 新世纪英汉大词典 [M]. 北京：外语教学与研究出版社，2017.

能等诠释清楚。很显然，将书名中的"label"翻译为"说明牌"存在一定的局限性，容易让人误解为博物馆展览解说系统中的极为简略的标题式的说明。而"解说牌"比"说明牌"的范围要广，囊括了博物馆展览解说系统中的多类图文说明，也更符合当下的"以人为中心"的新博物馆学理念。因此，本书以"解说牌"这一名称来指代博物馆中用于"解说"展览的展板。

说到新博物馆学理论，就不得不提《魁北克宣言》。1972年，新博物馆学学派在智利首都圣地亚哥宣布成立。1984年，新博物馆学学派在加拿大发表《魁北克宣言》，认为博物馆应协调人类与自然环境的生态关系，应关注社区发展，反映社会进步的力量。新博物馆学的理念促进了生态博物馆、社区博物馆、邻里博物馆等新型博物馆的出现，推动了生态博物馆社区化和大众化进程。而新博物馆学理念的核心要义其实就是"以人为中心，服务于人"。

以新博物馆学学派理念为指导，博物馆解说牌更需要以观众需求为出发点，发挥"解说"功能以实现博物馆与观众的有效沟通。

然而，从前文所提及的以"说明牌"或"解说牌"为关键词的文献检索结果不难看出，博物馆解说牌的相关研究并未受到学术界的重视。其实，早有学者形容博物馆解说牌是"卑微的"和"被忽略的"[1]。这样的描述并非夸大其词。因为博物馆解说牌在提升陈列展示中发挥着多重作用，很大程度上影响着展览的效果。与其被研究的现状相比，博物馆解说牌在展览中的功能和重要性确实是被严重低估了。

---

[1] WILLIAMS L A. Labels: Writing, Design, and Preparation [J]. Curator: The Museum Journal, 1960, 3 (1): 26-42.

博物馆每一块解说牌都有其特定的诠释"任务"。它们的功能不仅在于阐释展品的信息，还起着固定展览风格；引导并控制观众的参观节奏；引起观众的共鸣并激发观众思考的多重作用。

根据解说内容的不同，展品解说牌的类型大致可以分为：（1）展览主题解说牌；（2）展品信息解说牌；（3）引导指示牌。

展览主题解说牌一般位于展厅的入口处和出口处。它的内容是概括性的主题介绍和关于展厅展陈框架的基础索引。展览主题诠释解说牌的形式多为文字，它的文字篇幅往往比展品信息解说牌更长，表达的语义更为完整。展览主题诠释解说牌的目的是帮助观众在参观展览前构建对展览的整体性认识，从而引导观众的后续参观。

展品信息解说牌是最常见的解说牌。它的基础功能是阐释物（展品）的信息，这当中包含展品的基本物理属性。根据藏品坐标系理论[①]，博物馆中的每个藏品都承载着多个维度的信息。例如，展品的长宽高、颜色、重量等；也包含展品在多元学科视角下的特征学术信息，例如，古生物化石展品的地质年代、文物的考古价值、机械展品的工作原理等；还包含展品的文化内涵，例如，展品的历史背景、文物价值、文化内涵等。

引导解说牌主要用于指示方位。它们一般位于展厅通道、墙面等位置，以项目的标识和简洁的文字指引参观方位。具体而言，主要包括展厅空间布局图、导览索引牌、方向标识等。

展览主题解说牌、展品信息解说牌、引导解说牌共同构成了博物馆展览的解说牌系统。它们不仅表达了博物馆叙事的完整性，还

---

① LOURENÇO M C, GESSNER S. Documenting collections: cornerstones for core history of science in museums [J]. Sci & Educ, 2014（23）: 727-745.

构建了信息的逻辑关系，同时提供了必要的展览信息。它们的功能主要有：

（1）表达博物馆叙事的完整性。与文字相比，展览解说牌是一种不同的信息表达方式，它显示的是与展品有关的多元信息内容。展览解说牌有助于受众建立对展品的立体多维形象。

（2）构建信息的逻辑关系。展览解说牌不仅是对可见或可读信息的简单呈现，还包含建立信息之间的联系的过程。合适的信息可视化表达可以很好地传达藏品多维信息之间的关系、藏品与藏品的关系、藏品与主题的关系，从而达到扩展藏品信息背景，支撑学科内容交叉融合的效果。

（3）阐释抽象数据和非结构化信息。单一使用具象概念的图形的传达效果具有一定的模糊性，缺乏相互之间的分类准确性和清晰度。展览解说牌的设计元素也可以通过分类、对比、联系等方式凸显藏品的特性、层级等。

综上所述，展览解说牌的信息设计对于提高展览信息的传播效率十分重要。设计者应从观众的需求、展览信息的特点、展览展示的目标任务三方面着手，科学设计展览解说牌。

## 第三节 博物馆展览信息的编码与解码

如前文所述，展览解说牌系统的工作原理是通过对展览信息的编码，借助文字、图件、表格，对展览游线、展览故事、展览信息进行分层组织架构，从而对观众的注意力进行引导，并对观众进行认知传播的过程。博物馆展览面向社会大众展出，这意味着受众的认知层次、个人偏好、参观目的千差万别。这些不确定性向展览信息的有效传播提出了挑战，而这样的挑战需要由展览解说牌的合适的可视化设计来应对。

在纷杂的展览空间视觉环境中，在观众充满不确定性的意识下，只有在醒目的形式"包装"中真正有效的信息，才能进入观众的视野，进而得到大脑的认知。这正是博物馆展览信息的编码过程与解码过程。

## 一、博物馆展览信息的编码

展览信息编码是将信息转换为特定文字、图件、表格的过程，其目的有三：（1）精简展览信息，提高展览信息传播的效率；（2）通过文字、图件、表格的配合，提高信息的准确性；（3）借助信息的可视化过程，优化展览信息的认知效果。

为了达到以上三个目的，展览信息在编码过程中需要注重对观众的研究，对展览信息表达方式的分析，对展览信息组合和逻辑组织的分析。

### （一）博物馆观众研究

本书第一章第二节中提道"与博物馆的功能演变相呼应，博物馆的内涵和外延在经历若干次的转变之后日渐丰富"。在博物馆发展的萌芽时期，宫廷皇室、教会或宗庙以及私人收藏，仅限于少数人观赏。近代以来的博物馆已成为面向全社会开放的文化教育机构，不同年龄、性别、文化、信仰、种族和阶层的人群都是博物馆的潜在观众。自20世纪60年代至70年代以来，对博物馆观众进行研究已经成为博物馆教育研究的核心问题。

　　以展览解说牌信息编码为目的对博物馆的观众进行研究，其研究内容无非是两个——观众想要了解什么？观众能够理解什么？

　　观众想要了解什么？这其实是观众观展需求的问题。观众的观展需求可以简单地分为普遍需求和个性化需求。从前人研究结果来看，虽然博物馆观众个体千差万别，但是他们的身份、喜好、行为方面存在许多相似之处。观众会普遍关注通识性知识、社会热点问题、镇馆之宝等内容。从这个角度来看，博物馆展览解说牌的内容应包含契合大多数观众共同兴趣的内容。当然，一些观众由于个人偏好和生活的经历，会对特殊展项的内容、展项的深层次意义、展览的背景等产生浓厚的兴趣。这就需要解说牌的撰写者能从庞杂的展览信息中抽取少量小众而有内涵的展项或展览故事进行"解码"创作。当然，无论是普遍性的展览解说牌还是专项性的展览解说牌，都需要规避"观众所不想看"的解说牌。盖尔·葛瑞格（Gail Gregg）曾以"Your Labels Make Me Feel Stupid"为题，描述"观众所不想看"的展览——"观众不想要那些不能吸引他们或不能让他们主动参与或亲身体验的展品，令人不快、烦恼、心生厌恶或排列拥挤的展品，权威的、令人困惑的、居高临下的展品，不允许他们释放好奇心和审视力的展品，陌生的、奇怪的、枯燥的、不清楚的或强势的展品。结果是什么呢？你的说明牌让我觉得自己很愚蠢。"[1] 领会盖尔·葛瑞格对于解说牌的评价深层次意义，展览的

---

[1] GAIL GREGG. Your Labels Make Me Feel Stupid [EB/OL]. ARTnews, 2010-07-01. 贝弗莉·瑟雷尔. 博物馆说明牌——一种解说方法：第二版 [M]. 北京：社会科学文献出版社，2022：41-60.

解说牌既要简明扼要，以避免观众在阅读大量信息时的疲惫感，又要跳出解说牌呆板、过于学术化的设计；既要有满足大多数观众感兴趣的普遍性知识，又要兼顾观众的个性化求知需求。

但是，在"编码"之前，只知道观众想要了解什么是远远不够的。展览解说牌创作的内容、深度和形式还取决于"观众能够理解什么"。

自20世纪90年代以来，对于观众类型的细分的研究成果层出不穷。霍华德·加德纳（Howard Gardner）认为每个人都有7种不同的职能，他将其称之为多元智能理论。美国自由选择学习、博物馆观众研究和科学教育领域的领军人物约翰·福克（John H. Falk）基于"身份"的动机将观众分为7种类型，即探索者（Explorer）、引导者（Facilitator）、打卡者（Experience Seeker）、专家/爱好者（Professional/Hobbyist）、愈疗者（Recharger）、朝圣者（Respectful Pilgrims）、寻求关联者（Affinity Seekers）。[1] 简·帕克（Jan Packer）和罗伊·博兰泰恩（Roy Ballantyne）测评观众参加教育休闲活动的动机，研究表明优秀的解说牌直接影响观众的观感。[2] 帕妮丝·麦克卡锡（Bernice McCarthy）对于观众学习风格的研究正好与之呼应。帕妮丝将学习者的学习风格分为4种类型，并给出结论——观众的学习风格受基因、经验、现实环境的影响。[3] 以上的研究给我们的启示是，展览解说牌应该提供多种选择，并辅以不同层

---

[1] JOHN H. FALK. Identity and the Museum Visitor Experience [M]. London, New York: Routledge, 2016: 17-37.

[2] PACKER J, BALLANTYNE R. Motivational Factors and the Visitor Experience: A Comparison of Three Sites [J]. Curator the Museum Journal, 2010, 45 (3): 183-198.

[3] SHAUGHNESSY M F. An Interview with Bernice McCarthy: Creator of The 4MAT System [J]. Journal of Social Sciences (COES&RJ-JSS), 2013, 2: 196-198.

次的解说以适应观众的多元学习风格、认知层次、兴趣、思维模式。

（二）展览信息的表达形式

本书的第二章介绍了信息可视化的成果及其理论应用。往前追溯二三十年，那时的许多博物馆的展览解说牌是名副其实的"标签"，没有图表，只有文字。而且即使是文字也只有寥寥数字。这些极简的文字以专业术语的形式轻描淡写地描述着展品的基础信息。例如，一些古生物展品的展牌仅写着"陈列品名称""拉丁文种属名""地质年代""产地""采集人/捐赠人"（图3-1）。随着博物馆教育理念的进步，博物馆展览解说牌对于文字、图件、表格的组合式使用越来越普遍。毫无疑问，策展人清醒地意识到在面对不同认知背景、社会经历、兴趣爱好的观众时，图文组合的解说牌无疑是最有效地引导观众的视觉注意的展示方式。然而，图文应该如何组合才能真正达到既吸引观众注意，又让观众迅速理解展览的目的，却是一个在博物馆实务领域缺乏充分讨论的课题。

**图 3-1 古生物展品标签**

20世纪初，电影理论家贝拉·巴拉兹（Bela Balaze）预言新的视觉文化将取代印刷文化。20世纪30年代初，马丁·海德格尔（Martin Heidegger）提出传播形式将呈现由文到图的转变。20世纪

90年代有学者提出"图像转向"的观点。1998年，钟洁玲在《红风车经典漫画丛书》中第一次提出了"读图时代"的概念。其实，"读图"并非新生事物。当人类文明开始萌芽，尚未出现文字的时候，远古人类就曾用图画表达情感，记录生活。语言由图画或刻画的符号与表达信息的声音组成。其中图画或刻符成为文字，声音成为语言；图画、刻符中文字的分化，声音中的语音分化，缩小了语言范畴中人的造型方式和声音的范围，提高了信息传达的精度，提炼了多重信息的逻辑联系。

然而，最近10年来，在媒体变革的催化下，文字的阅读性受到了观看性的"挤压"，信息和意义的交流方式发生了由文字阅读到图像阅览的"位移"。2008年8月，在江西省社会科学院中国叙事学研究中心主办的"跨媒介叙事"学术研讨会上，一些学者认为叙事学研究出现了一种跨媒介趋势。[1] 图像叙事成为和语言叙事、文学叙事具有同样重要地位的叙事方式。

值得思考的问题是，图像信息可以达到文字信息的传播效果吗？图像可以完全替代文字吗？

文字的图像化在带来视觉刺激的同时也带来"去深度"问题。包兆会以名著改编为影视剧为例分析了图像和文字在"缝合"关系中的特点，指出名著改编受到商业视觉、快感文化、意识形态的操控将会导致"一千个读者只有一个哈姆雷特"的危机。[2]

在对博物馆展览解说牌进行解码时，非常明确的两点原则是：

---

[1] 龙迪勇. 叙事学研究的跨媒介趋势——"跨媒介叙事"学术研讨会综述 [J]. 江西社会科学, 2008 (8): 10.

[2] 包兆会. 当代视觉文化背景下的"语—图"关系 [J]. 江西社会科学, 2007 (9): 12-15.

（1）图像与文字在传播信息的过程中各有利弊。正如文字无法取代图像的直观性一样，图像也无法取代文字的准确性和逻辑性；（2）博物馆展览解说牌应该是图与文的结合，这涉及文字与图像的关系问题。理想中博物馆展览解说牌应是在图与文之间找准一个平衡点，合理利用"文"与"图"两者的优势，达到解释、传播、交流的目的。

（三）展览信息组合和逻辑组织

美国心理学家乔治·米勒（George Armitage Miller）认为，通过将零碎信息进行意义的组块化，能够有效增加人们短时记忆的容量。例如，将一串无意义的数字08142023分别拆分为2023年8月14日，那么这串数字的记忆就变得极为容易。这意味着当一堆信息被群组化时，更有利于人们对信息的理解和记忆。因此，展览信息的组织框架建构是有利于串联展览信息并加深观众对展览信息理解的重要步骤。

展览解说牌的信息传达不仅仅在于单个解说牌的图文设计，还在于展览主题诠释解说牌、展品信息解说牌、引导指示牌等不同类别指示牌在营造展览氛围方面的配合，以及展品信息解说牌相互之间的逻辑性。不同类型的解说牌的内容以及空间排布对展览信息进行了重新配置和组合，组成了具有多维立体结构的视觉信息传达系统。这个系统通过一种观众能够理解的具体化视觉形象（文字、图件、表格），剥离分解出多元的展览信息，在碎片信息之间建立起具有秩序感和逻辑性的展览信息群，从而促进信息的有效传达。具有完善组织结构的展览信息系统既引导观众的参观顺序，也控制引导观众的注意力分配，使观众更合理地理解策展人所想传达的展览主题。

## 二、展览信息的解码

展览信息的解码是将编码后的展览信息转换为有效信息的过程。在这一过程中,观众可能会得到两种类型的信息:一种是展览策展人想传达的展览信息,另一种则是被观众所接收到的展览信息与其经历、经验发生作用而形成的情感共鸣。与展览信息的编码相比较,展览信息的解码既受制于策展人对展览的诠释,也受制于观众的感知能力与认知水平。

相较于博物馆展览的知识性信息,展览所能传达的情感信息是更为深层次的信息。因为,展览所蕴含的情感信息能够唤醒观众的集体记忆,从而真正达到博物馆教育的最高层次——培育观众的知识构建能力,引发观众思考。1998年,美国博物馆专家乔治·海恩教授(George E. Hein)在其著作《博物馆学习》一书中,对博物馆教育提出了4种模式:第一代的教导解说型(Didactic Expository),第二代的刺激—反应型(Stimulus—Response),第三代的发现型(Discovery),第四代的建构知识型(Constructism)。[1] 建构主义教学观认为,学习不单是知识由外到内的转移和传递,更是学习者主动建构自己知识经验的过程,即通过新经验与原有知识经验的反复双向相互作用,学习者的知识和经验将得到充实和改造。建构主义教学观强调学习者的内部生成,而学习者的主动性则是内部生成的核心动力。[2]

---

[1] B. KNEWSTUBB. The learning-teaching nexus: modelling the learning-teaching relationship in higher education [J]. Studies in Higher Education, 2016, 41 (3): 525-540.

[2] 范陆薇,胡波,赤诚. 翻转课堂模式在场馆教育中的移植与借鉴——当高校专业教学遇上高校博物馆 [J]. 华南理工大学学报(社会科学版), 2018, 20 (6): 8.

1972年，图尔文（E. Tulving）首次提出了情境记忆和语义记忆的划分，指出情境记忆是个体直接记录自己经历的事件，而语义记忆则存储关于世界的一般知识。1983年，他重新界定情景记忆和语义记忆时提出情境记忆的一个独特之处在于从情境记忆中提取信息时伴随着情感。当人们再次体验过去经历过的事件时，这种主观情感也会如影随形，而从语义记忆中提取信息时并不伴随情感的觉知。

对具有亲身经历的博物馆展览参观者而言，他们"解码"展览信息的过程是通过被还原的场景和解说牌信息产生情感上的回归。对于对展览主题有所耳闻的观众，他们的展览信息解码过程是通过串联一系列同类事件或相关事件来完成。而对于对展览主题完全陌生的观众，亲身体验无疑是帮助他们建立自身与展览联系的最佳方案。

当然，无论面对哪一类观众，博物馆展览都应该在尊重事实的基础上对展览信息进行还原与再现，对展览的多层次、多维度信息进行分析和解构，剥离出展览的表层信息和内在信息，结合现代社会价值观的特质，加以选择和重组，形成符合时代背景的展览信息刻画，方能支持不同类型的观众完成对展览信息的深度"解码"。

综上所述，博物馆展览信息的编码与解码是针对同一展览对象的解离与还原的过程。互为逆向的两个过程的结果是否能重合，甚至激发出更多的认知与感悟，不仅受控于编码人（策展人）对信息的提炼能力、诠释能力、修饰能力，还受控于解码人（观众）的认知能力、观展兴趣等。这为策展人对展览信息进行可视化设计提供了思路，即展览解说牌的可视化需要考虑展览主题、展览要点、展品的多维信息、信息之间的关联、观众的兴趣、观众的理解能力等要素。

# 第四章

# 博物馆展览解说牌

## 第一节 展览解说牌中信息的展示形式

博物馆展览中的信息除了文字之外主要以图表的方式展示。它主要包括基于信息数据的图表（charts）、图解（diagrams）、图形（graphs）、表格（tables）、地图（maps）、名单（lists）。[①]

依照数据类型对信息图表进行分类，可以分为：统计图表、示意图表、界面图表、地图图表。其中：（1）统计图表基于统计学的知识和方法，以图表形式呈现统计数据；（2）示意图表以简化的标志性图形、符号为基本元素表现事件系统、逻辑关联；（3）地图图表以地图形式呈现与地理特征有关的信息；（4）界面图表多为动态变化的图表，常见于仪器仪表操作面板所显示的信息。

以上4类信息图表的表现形式是多样的，例如，柱状图、条形

---

① JACQUES BERTIN. Semiology of graphics：diagrams, networks, maps [M]. Tanabe s-i, ito k：Redland Esri PRESS, 2010：45.

图、折线图等。不同形式的信息图表各有特点及其适用范围。

（一）柱状图

柱状图以长方形的长度为变量，将表达统计数据，因长方形形似柱子，因而被命名为柱状图。柱状图只有一个变量，因而通常被应用于较小数据系列的分析对比。柱状图的变形有堆积柱状图、百分比堆积柱状图（见图4-1）等。

优势：柱状图利用柱的高度反映数据差异，容易引起观众的视觉关注，也便于准确判断数据差异。

劣势：柱状图变量单一，适用范围有限。

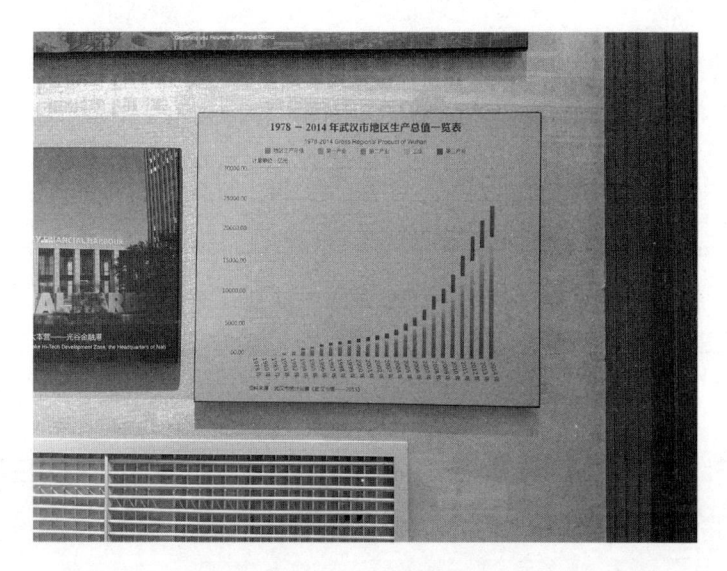

图4-1　1978—2014年武汉市地区生产总值一览表

（二）折线图

折线图又称曲线图，它以某类统计数据为纵坐标，以表现"时间"等具有相等间隔且连续性变化的量为横坐标，以相邻纵坐标连线形成的折线来展现统计数据变化的一种图形（见图 4-2）。

优势：非常适用于显示在相等时间间隔下数据的趋势。

劣势：只能反映单位间隔的变化，而不能表现比单位间隔更细微的数据变化趋势。

图 4-2　长江历年水位变化示意图

（三）饼图（环图）

饼图（环图）以圆形或三维的饼状图形显示单元数值相对于总数值的大小（见图 4-3）。

优势：明确显示数据比例情况。

劣势：人眼对面积并不敏感，不适用于饼图中数值相近的单元之间的数值比较。

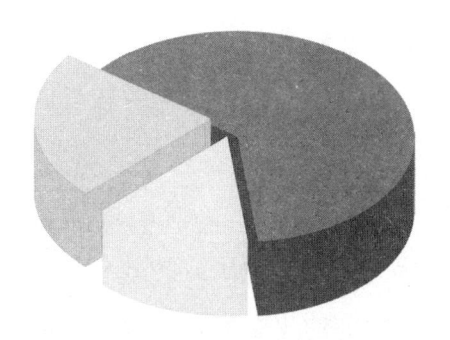

图 4-3 饼图示意图

（四）雷达图

雷达图也称为网络图、蜘蛛图、星图、蜘蛛网图。雷达图将多个维度的数据量映射到坐标轴上，每一个维度的数据都分别对应一个坐标轴，这些坐标轴以相同的间距沿着径向排列，并且刻度相同。连接各个坐标轴的网格线通常只作为辅助元素，将各个坐标轴上的数据点用线连接起来就形成了一个多边形。坐标轴、点、线、多边形共同组成了雷达图（见图4-4）。

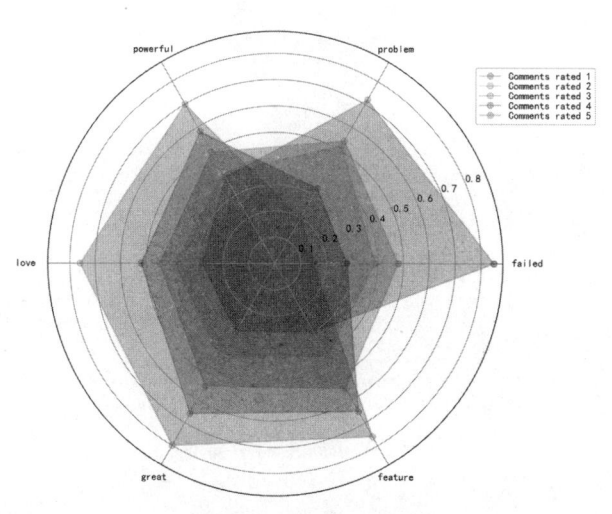

图 4-4 雷达图示意图

优势：可以展现多维数据。

劣势：雷达图的变量较多，需要耗费较长时间去观察和理解图表信息，容易造成可读性的下降。

（五）漏斗图

漏斗图的横坐标一般为单个研究的效应量，纵坐标为样本含量的散点图。平面坐标系中的集合表现为一个倒置的漏斗形，因此称为漏斗图。一般情况下，样本量小，研究精度低，分布在漏斗图的底部，向周围分散；样本量大，研究精度高，分布在漏斗图的顶部，向中间集中（见图4-5）。

优势：漏斗图展示的是数据变化的一个逻辑流程。

劣势：漏斗图需要对数据进行流程化的细致分析，实际应用并不广泛，可能会导致观众对图片数据的误解。

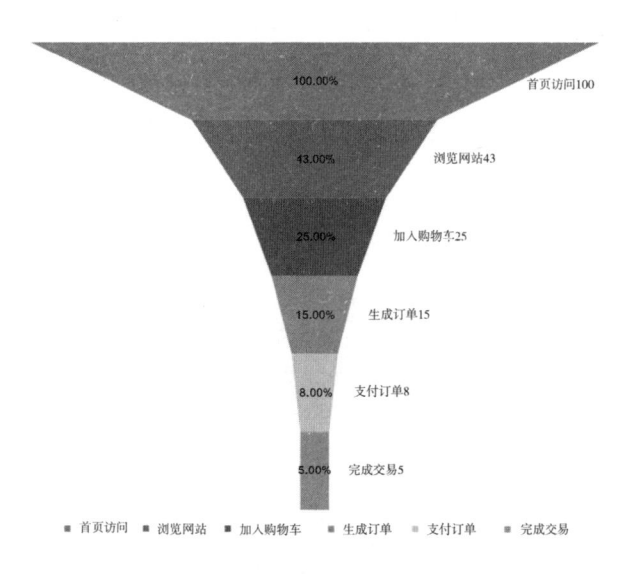

图 4-5　漏斗图示意图

## （六）词云

词云是对网络文本中出现频率较高的"关键词"予以视觉上的突出，形成"关键词云层"或"关键词渲染"，从而过滤掉大量的文本信息，使浏览网页者只要一眼扫过文本就可以领略文本的主旨（见图4-6）。

优势：醒目、直观。

劣势：使用场景单一。

图 4-6　词云示意图

## （七）散点图

散点图是指在回归分析中，数据点在直角坐标系平面上的分布图。散点图表示因变量随自变量而变化的大致趋势，据此可以选择合适的函数对数据点进行拟合。用两组数据构成多个坐标点，考察坐标点的分布，判断两变量之间是否存在某种关联或总结坐标点的分布模式。散点图将序列显示为一组点。值由点在图表中的位置表示。类别由图表中的不同标记表示。散点图通常用于比较跨类别的聚合数据。

优势：散点图可以通过直观醒目的图形方式，反映变量间的形态变化关系情况，以便模拟变量之间的关系。

劣势：散点图的外观略显混乱，缺乏美感。

延伸图表：气泡图（见图 4-7）。

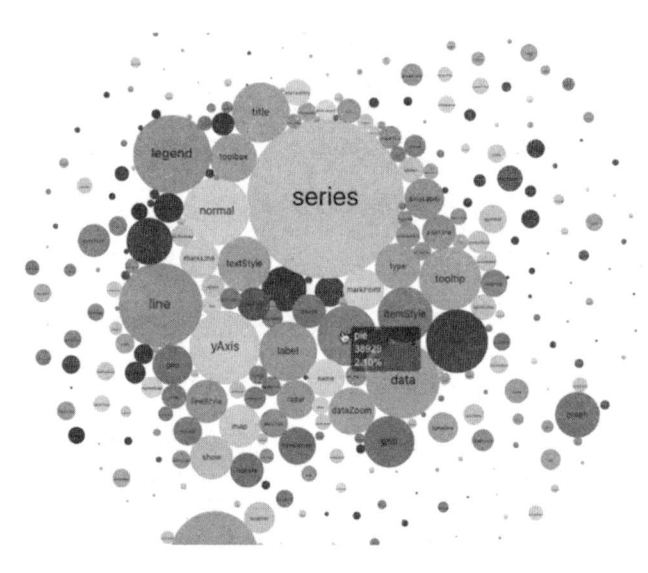

图 4-7　气泡图示意图

（八）树图

树图又名树形图/树状图，之所以称之为树图，是因为它的外观像树。树图是数据树的图形表示形式，以父子层次结构来组织对象。它是一种流行的利用包含关系表达层次化数据的可视化方法。树图能将事物或现象分解成树枝状，从一个项目出发，展开两个或两个以上分支，然后从每一个分支再继续展开，依此类推。它拥有树干和多个分支，所以很像一棵树，将主要的类别逐渐分解成许多越来越详细的层次（见图4-8）。

优势：可以清晰地显示树状层级结构，在展示横跨多个层级的数据信息时非常方便。

劣势：无法显示占比功能。

图4-8　生命树

（九）地图图表

地图图表是在地图轮廓中附加各类数据的图表，它包含区域地图、点地图、流向地图、组合地图、热力地图等（见图4-9）。

优势：地图图表的优势是可以显示与各类数据关联的地理信息。

劣势：地图图表存在一定程度的功能限制，在表征数据的比较信息时需要借助一些附加说明。

随着社会的发展，科技的进步，信息可视化已经渗透到人类生活的许多方面：地铁站的交通线路图、天气预报中的气象图表、公司的财务报表、博物馆的解说牌等都可见信息可视化的案例。

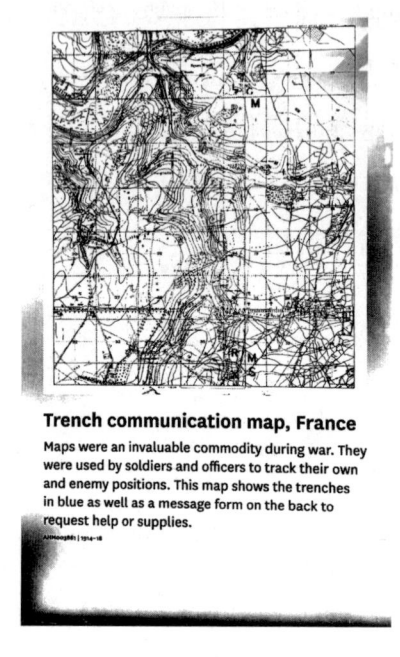

**图 4-9 战壕通信图**

## 第二节 展览解说牌中信息表达的特点

### 一、以美学表达为途径，以信息传达为目的

从信息图表的发展历程来看，它曾作为平面设计的子集穿插其中。但信息可视化在设计原则和目的上与平面设计有本质上的不同。平面设计更侧重美学艺术的输出，目的是抓住受众的眼球，传递信息。信息可视化则是将信息的传达作为具体的内容进行设计，设计

过程包含搜索、过滤、整理和表达的信息架构过程，其信息的准确、科学、有效传达是第一要义，其美学表达作为信息的载体，重要性位居其次。

## 二、受众需求导向

信息可视化的表达方式建立在受众需求的基础上。受众的知识背景、需求和环境整体风格，直接影响着信息可视化的风格、内容、设计模式。

## 三、跨学科融合

信息可视化从诞生之日起就是跨学科性的。在内容上，信息可视化需要整合多个学科的知识，整理跨学科知识体系逻辑。在形式表达上，它综合了平面设计、写作、编辑、插画、心理学等领域的方法。因此，信息可视化是跨学科融合的领域，需要综合多学科知识，通过复合的加工技巧体现视觉成果，完成信息输出。

## 第三节　信息可视化表达在博物馆解说牌中的应用

进入 21 世纪以来，我国迎来了博物馆建设的新高潮。2023 年 5 月 18 日国家文物局发布的最新数据显示，2022 年，我国新增备案博物馆 382 家，全国博物馆总数达 6565 家，排名居全球前列。据统计，2022 年全年我国博物馆举办线下展览 3.4 万个、教育活动近 23 万场，接待观众 5.78 亿人次，推出线上展览近万个、教育活动 4 万余场，网络浏览量近 10 亿人次，新媒体浏览量超过百亿人次。① 部分新建博物馆展览和近年改陈的展览有明显进步。但总体而言，展览质量尤其是传播质量与博物馆速度的增长尚不匹配，仍有较大的改善空间。

博物馆的陈列展览是基于传播学和教育学，集学术文化、思想知识和审美于一体的，面向大众的知识信息和文化艺术的传播媒介。博物馆陈列展览的主要目的是进行知识传播和公众教育。与其他行业一样，博物馆也经受着大数据时代海量数据、信息的冲击和洗礼。如何将藏品信息、科学知识以富有逻辑性、趣味性、科学性、系统性的方式传递给观众，使观众从中得到信息与经验、知识与信息、情感和价值上的收获，并引发观众的思考，是博物馆展览策划者需要思考的重要问题。在博物馆展览中，将信息进行梳理、归类、组合和可视化加工，可以极有效的解决上述问题，架起观众与藏品对话的桥梁。

美国国家阐释协会将"阐释"定义为"一种既能激发观众兴趣又能解释资源意义的情感与思想的交流过程"。对博物馆解说牌的设计而言，其阐释过程就是根据展览的传播目的，对展览（品）的学术资料进行分析研究，将其转化为大众传播文化产品，旨在与观众进行观点和思想、知识和信息、感觉和价值的沟通，满足观众的欣赏和知识需求。这是一个将学术信息通俗化、理性问题感性化、知识问题趣味化、复杂问题简单化的阐释过程。根据博物馆解说牌所表达的内容和方式，大致可以分为以下几类：

---

① 我国博物馆总数达到 6565 家［EB/OL］. 新华网. 2023-05-18.

1. 统计信息图

统计信息图主要用于科学的数据统计，以统计图的方式呈现数据，因此数据显示是统计图表的一个显著特征。根据数据显示方式的不同，统计图通常又可以分为表格类、坐标类、条块类、圆形图和图示类。统计信息图领域最为著名的要数查尔斯·约瑟夫·米纳德（Charles Joseph Minard）在1869年绘制的拿破仑在1812年以及1813年率军入侵俄罗斯时惨遭败北的行军图（见图4-10）。该信息图背景是真实地图，西起波兰边境，东至莫斯科。图中共引入6个变量数据：（1）拿破仑的军队数量；（2）行军路线；（3）气温；（4）地理位置；（5）行军到特定地点的时间；（6）距离。

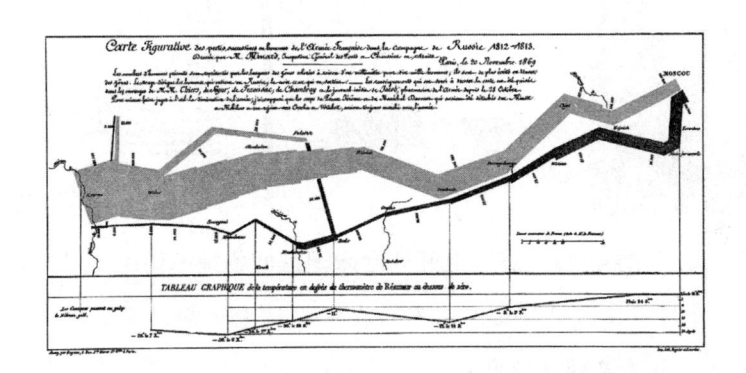

**图4-10 拿破仑1812年进军莫斯科行军图**

（线条宽度代表拿破仑的军队人数，灰色表示进攻路线，黑色表示撤退的路线）

拿破仑开始东征时约有42万人，而到达莫斯科时仅剩10万人，最终活着返回的不到1万人，军队伤亡惨重。该信息图不仅表达了整个行军过程的客观数据，还暗含军队惨败的原因，即军队10月底从莫斯科撤离，当时气温最高不超过0摄氏度，天寒地冻，撤退过程中不断减员。至别列济纳河（Berezina River）时，由于士兵被大量冻死，人员数量骤减。

该图将拿破仑东征这场战争的残酷展现得淋漓尽致。

在英国的博物馆偶尔也可以见到这类统计图。例如，在英国斯旺西水岸国家博物馆（Swansea National Waterfront Museum）在描述该市工业发展历史与全球经济关系时就大量使用了这类统计信息图作为解说牌的表达方式（见图4-11）。

**图4-11 英国斯旺西水岸国家博物馆解说牌**

（图中用铸锭图标与比例图表示在不同历史时期，英国威尔士铸铁工业对世界铁产品的贡献率）

值得一提的是，在其他的英国博物馆中，统计信息图的使用范围是有限的。究其原因，一方面是由于所要表达的内容与统计信息图的特征不匹配，另一方面是由于统计信息图包含图标、图例等细节元素，需要长时间驻足阅读，方能掌握其具体信息，因此，从游客理解难易度、游客人流缓冲等角度考虑，统计信息图在博物馆解说牌中的应用具有一定的局限性。

## 2. 示意信息图

示意信息图是以图画语言和象征符号为基本特征的一种图表表示方法，以抽象图形或具象事物示意某个原理、事件、关系的图表。示意图表又可细分为概念图表、流程图表或系统图表。

解说牌对展品的构造、用途、空间位置以及其他相关的科学知识进行可视化信息加工。通过突出展品的某一种或几种特征，与同类对象进行对比，"放大"展品所携带的信息。

例如，在苏格兰国家博物馆的鳄鱼骨架展区，其解说牌按比例设计了不同生物学种属的鳄鱼体型对比，以及鳄鱼与人类身高的对比，并设计背景网格（每一格代表 1 米），给观众以准确的数据信息（见图 4-12）。背景网格的设置在此处显得尤为重要。因为人类的大脑不善于计算面积，而特别善于计算一维事物，例如，长度或高度。如果没有背景网格线，观众则无法知道这类信息的准确比例。苏格兰国家博物馆的此类解说牌很科学地遵从了认知科学的相关研究结论，在许多示意信息图中注意图例颜色、比例等情况，并简化藏品信息，加入网格等参考坐标系，给藏品以科学、简介、醒目的解释。

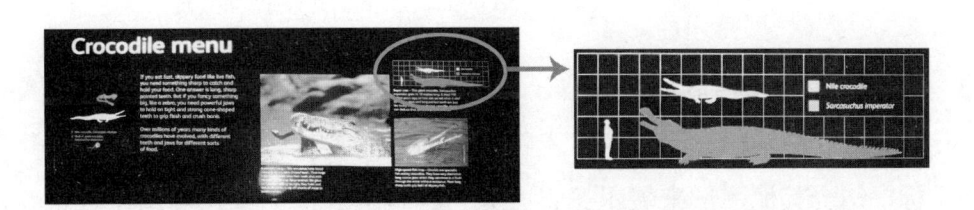

图 4-12　苏格兰国家博物馆的鳄鱼骨架展区解说牌

3. 地图信息图

地图是用图示来描述关于地域性信息的图表。地图主要分为通用地图和专用地图。地图模式应该是博物馆解说牌中最常见的模式。它一般用于传递与展品有关的地理位置、资源分布等信息。

例如，苏格兰国家博物馆的人文展区，用不同的色块在世界地图上标注不同的大洲，将带有民族文化传统的照片附在地图的相应位置（见图4-13）。值得一提的是，地图的设计既考虑了展示美学，也考虑了展品与观众的互动，观众需要翻开与地图色块同色的盖子，方能看到展品和图片，增加展品的趣味性。

图4-13 苏格兰国家博物馆的人文展区地图

4. 逻辑结构信息图

逻辑结构信息图是展示逻辑结构的图表形式，常采用简化的图标，结合其他图形来展示逻辑关系、结构等。例如，在英国伦敦自然历史博物馆中的一面墙上有这样一幅布里斯托恐龙家族树图（见图4-14）。图中用简化的线条勾勒不同生物学种属的恐龙，通过线条连接，展示各种属恐龙的亲缘关系。由于形状、重量等因素不是该图所想要输出的信息，因此，图标简化了这些信息。这也是信息可视化表达的一个特点，即侧重表达重要信息的科学性，而对次要信息进行"过滤"处理，简化甚至丢弃无用信息。

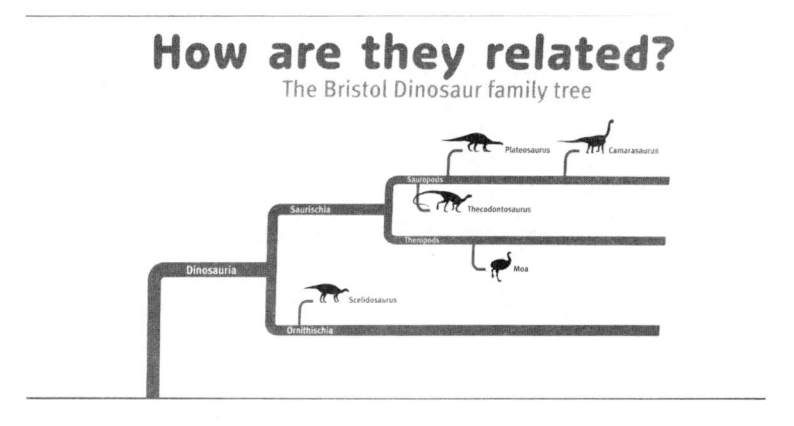

图 4-14　英国伦敦自然历史博物馆布里斯托恐龙家族树图

5. 历法信息图

历法信息图是依据时间顺序，把一方面或多方面的事件串联起来，形成相对完整的记录体系，再运用图文的形式呈现给用户；时间轴可以运用于不同领域，最大的作用就是把过去的事物系统化、完整化、精确化。

时间轴使图表所表现的事件抽象的时间顺序更为明确精准。理顺整件事情的脉络，用逻辑的架构来理清时间点上发生的已知的，推理未知的事件。时间信息呈现的方式是有单向的、线性的关系，也有非线性的关系。线性的关系是指在一个时间维度里面，事情的发展是单向的、一直往前的、不可逆转的。图 4-15 是英国布里斯托 M Shed 博物馆中的解说牌，图中用时间轴串联了布里斯托的移民历史和地理迁移区域。简单的一幅图，勾勒出布里斯托居民的来源和去向的脉络，表达简洁明了，也容易引起观众的共鸣。

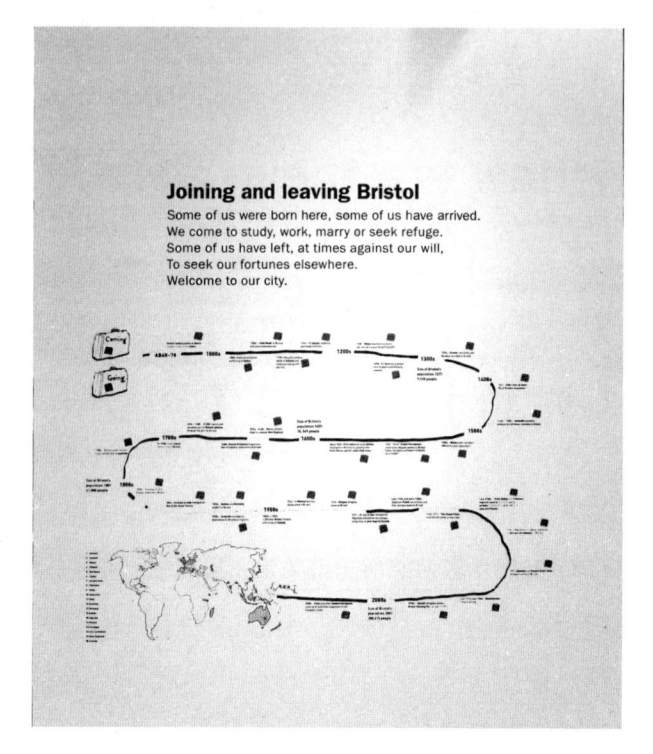

博物馆里的信息解码：基于解说牌可视化 >>>

**图 4-15 英国布里斯托 M Shed 博物馆中移民历史解说牌**

6. 交互信息图（装置）

交互信息图是近年来在博物馆解说牌中较为流行的一类信息图。一方面，动态的信息需要动态的展示；另一方面，观众也迫切需要与博物馆展示的互动，因此，交互信息图（装置）就在博物馆中应运而生。图 4-16 是英国苏格兰国家博物馆的一个交互装置，其解说牌上清晰地给出了各种动物的重量。当观众站在体重秤上，指示灯会直观显示观众的体重与哪类动物类似。这种交互信息图（装置）以变化的信息解决博物馆对动态信息站的需求，同时也给观众带来新鲜感和体验感。

图 4-16　英国苏格兰国家博物馆动物体重对比装置

## 第四节　博物馆解说牌中信息可视化加工的误区

目前，在博物馆中，常见的解决上述问题的方法是将展览信息进行梳理、归类、组合和可视化加工，架起观众与藏品对话的桥梁。尽管越来越多的国内博物馆解说牌开始有意识地减少文字篇幅，增加图表展示，但总体看来国内博物馆解说牌的可读性不高，没有跳出以往解说牌设计的局限，存在以下可视化加工误区。

第一，可视化信息个元选取求泛而不求精。玛尔塔·C. 洛伦索（Marta C. Lourenço）等人于 2014 年提出了藏品坐标系理论，该理论以展品为对象，建立"个性特征""共性特征""共时观""历时观"的坐标系，分解剖析博物馆展品的信息个元。依照该理论，博物馆中的每件展品均承载着多维信息。例如，里斯本大学国家自然历史博物馆所藏的一件铜制圆等高仪，可以从数学、物理学、材料学、测量仪器学、历史学、社会学、档案学的角度，剖解出20余条诸如形状、颜色、细部特征、收藏历史、仪器用途等的展品信息。如果是做新闻素材用途，该铜制圆等高仪的信息图应凸显其丰富性、全面性。因为新闻读者有充分的时间阅读信息图，并有兴趣理解完整的信息体系，拓宽思路。博物馆解说牌的信息提取则截然不同，观众在解说牌前停留的时间十分有限。设计者应综合考虑展览主题、展品特性、观众兴趣点等因素，抽样提取信息个元，以吸引观众的关注，并在有限的时间内传递易于理解且有意义的信息。国内的一些博物馆注意到了展品信息的多元性，却忽略了信息选取的基本原则，在对解说牌可视化加工的过程中，泛化设计元素，罗列展品信息，不仅降低了解说牌的可读性，加重观众参观的疲劳感，更间接造成了展览同质化的现象。

第二，忽略可视化加工方式与加工对象特征的适配。1912年德国心理学家创建了格式塔理论，该理论探讨了视知觉的特点：在有限的视觉范围内，人眼能接受的碎片化的视觉信息单位有限。如果视域内包含了过多碎片信息，眼睛和大脑就会把这些信息简化、拼凑，使之成为易于理解记忆的整体。如果碎片信息无法通过此种方式"还原"，大脑中视觉信息将呈现无序或者混乱的状态，被大脑储存在"易于遗忘"的区域。除此之外，由于大脑对于色彩、亮度、形状等的认知常常会产生错觉，导致观察者对信息产生误解。为使观众获取准确信息，博物馆解说牌的设计应遵从人类大脑视觉认知的规律。一些博物馆的解说牌设计忽视了这些规律，例如，有博物馆的解说牌采用气泡图（Bubble Chart）是用圆形彩色气泡的形状和排布方向展示三个变量之间的关系的数据图标识数据信息的大小值。然而，人类的视觉认知对于面积的实际大小并不敏感，如果用气泡图中泡泡的面积比较来代替数值比较，将使观众对信息的理解产生偏差。还有一些博物馆的解说牌在使用颜色上杂乱无章，忽视色彩对视觉认知的影响，使展览中的有用信息由于加工失误成了无用信息，甚至是错误信息。

第三，缺乏对展览信息的逐级解码。约翰·桑切克（John W Santrock）在《教育心理学》一书中探讨了人类复杂的认知过程。他通过研究证实，将教学内容通过知识点关系和等级结构进行解析，并绘制成图，有助于受教育者理解并记忆知识。毫无疑问，对博物馆解说牌中信息个元的联系和层级结构进行可视化加工，将使展品的重要信息凸显，展览的逻辑脉络清晰，信息之间的连接路径清楚。对展览信息的逐级解码是博物馆解说牌信息可视化加工的两个步骤。一方面，设计者需要清楚地意识到展品服务于展览主题，每一个独立的展品都应在展览整体中扮演相应的角色；另一方面，设计者还应该注意到展览展示的脉络和走向。展览中各节点的展品信息是具有层级次序和优先级的。一些博物馆解说牌设计为了可视化而可视化，虽用图示描绘了展品的基本信息，但没有深入思考各展品信息角色定位和相互关系，导致解说牌内容相互割裂；还有一些博物馆解说牌的可视化加工忽视了信息呈现的次序，将一些观众并未理解和接受的概念突兀地展示在解说牌中，导致展览逻辑结构混乱；还有一些解说牌照搬深奥的学术论文，把本应"解码"的信息铸成"密码"，使展览晦涩难懂。

第四，博物馆解说牌的互动性和参与感不强。从博物馆工作来说，观众既是博物馆的出发点，也是博物馆教育的落脚点。提升博物馆展览的参与性，提高展览与观众的互动性是现代博物馆发展的重要方向。美国观众研究协会创始人史蒂芬·比特古德表示，人们在参观前和参观过程中都会进行成本效益分析。如果人们在参观过程中觉得展览的内容质量较高，他们的注意力会更加集中。但是，牢牢抓住观众在参观博物馆时的注意力并不是一件容易的事情。1916年，本杰明·伊夫斯·吉尔曼（Benjamin Ives Gilman）提出了"博物馆疲劳"的概念。综合多位学者的论述，"博物馆疲劳"是指观众在博物馆进行连续观察过程中出现的精神或身体疲劳感增加，注意力涣散的现象。提升展览的参与感是缓解观众"博物馆疲劳"的重要方式之一。英国苏格兰国家博物馆动物展区的一个交互解说牌就给出了成功的示范。该展区大型动物骨架前的电子解说牌上清晰地给出了多种动物的重量数据，并采用比例尺刻画了各重量数据的比例关系。当观众站在解说牌前的"脚印"上，解说牌上的电子指示灯会直观显示观众的体重与哪类动物类似。这种交互信息图（装置）以变化的信息满足了博物馆对动态信息展示的需求，同时也给观众带来参与感和体验感。但在我国的博物馆中，类似的互动可视化解说牌设计还不完善，不能满足观众的需求。

近年来，信息可视化已经广泛应用于博物馆解说牌设计中，但在设计和使用上还存在种种误区，主要原因可归结为：（1）信息可视化是时代与社会发展的产物，是多学科交叉的产物，近年来发展迅猛。不可避免地，它的话语体系和概念受复杂的应用领域影响，显得相对混乱，缺乏规范；（2）虽然对博物馆领域的信息可视化应用已经非常普遍，但相关的理论和实践还跟不上发展的节奏，学术界的相关探讨不够深入和全面，行业通用标准尚未建立；（3）不少设计者不具备信息可视化、图形图像学、认知心理学等学科背景，对于解说牌的可视化加工还处于摸索阶段，从业人员的专业技能显著不足；（4）受传统观念的限制，不少设计者将解说牌的设计思维局限于解说牌本身，未能放宽视野，未将解说牌的设计与展览主题、观众需求、教育活动、科研成果结合起来，造成解说牌设计策划相对孤立的局面。

## 第五节 博物馆解说牌可视化案例分析

这一节将向读者介绍一些博物馆解说牌可视化案例。笔者将博物馆解说牌可视化案例存在的问题和经典范例分门别类地进行介绍和分析，以期为读者建立起博物馆解说牌可视化效果的具象化印象。

### 一、规范性问题

在本书的第一章第四节中列举了博物馆的不同类型。博物馆的类型往往为其解说牌的风格定下了大致的方向。策展人在设计不同类型博物馆解说牌时，拥有一定的创作自由度。但是，无论是哪种类型博物馆的解说牌，它都需要遵从基本规范，包括语言规范、术语规范、图示规范、排版规范等。然而，博物馆解说牌，特别是信息解说牌设计不规范的案例并不少见。图4-17为腾冲翡翠博物馆的展品和信息解说牌。该解说牌上将翡翠展品命名为"对酒当歌"，而在"年代""说明"栏空缺,属于语言、术语不规范问题。又如,图4-18中国油脂博物馆解说牌中"羊齿"语焉不详,同形词语可以表多种意义,如"羊的牙齿""羊齿植物"等。如此设计容易误导观众。实际上,该展品为二叠纪时期的植物化石。化石展品的名称应体现动植物种属名称,应明确展品为"化石",应标明展品的规范拉丁文名称。这些内容在图4-18所示信息解说牌中都遗漏了。

图4-17　腾冲翡翠博物馆展品及解说牌

图4-18　中国油脂博物馆展品及解说牌

一些博物馆意识到了图件展示对于展品信息解读的重要性,从而以图文形式展示展览或展品信息。不过,一些图文解说牌的设计忽略了图件的设计规范,导致观众从图文解说牌中无法获得图件与文字的完整对应性,从而在"读图"的过程中遗失了信息,甚至受到了误导。图4-19给出解说牌图片信息不规范的案例。设计者希望通过图件展示缅甸翡翠矿区的分布。但是,该图件没有图例,也没有图片说明,甚至没有通过文字或形式设计重点强调三个矿区的区域范围。这样的图文解说牌,出发点无疑是好的,但是效果不好,并没有加深观众对展览信息的理解。同样是地图展示,效果好的展示往往会注重突出展览所想传递的信息。例如，韶山毛泽东纪念馆中，有一幅地图展示1950年抗美援朝战争中中美军力的对比（见图4-20）。设计者采用鲜明的颜色、简洁的断句勾勒出展示主题。又如，山西青铜博物馆在地图上清晰简明标出晋侯墓葬出土位置（见图4-21）、三晋货币的使用区域（见图4-22）。

图 4-19　某博物馆缅甸翡翠矿区及其分布解说牌

图 4-20　韶山毛泽东纪念馆中美军力对比解说牌

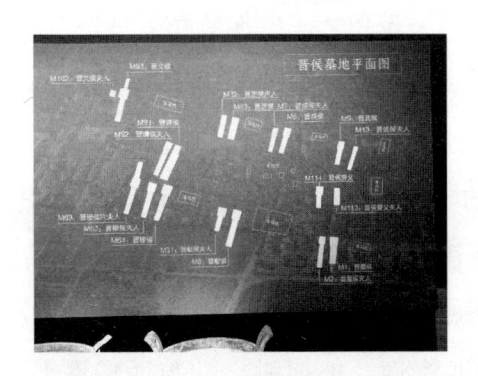

图 4-21　山西青铜博物馆晋侯墓地平面图

图 4-22　山西青铜博物馆三晋货币解说牌

## 二、学术概念展示问题

过分遵从学术表达，无疑将使博物馆展览解说牌陷入另一个误区——虽然学术正确，但由于观众缺乏相应的背景知识，因此很难理解解说牌的内容。那么，在解说牌的设计上尊重科学性（学术规范）和推崇通俗性（信息解码）是一对矛盾体吗？回答当然是否定的。理想的解说牌应在保证科学性的同时，对信息进行符合观众认知的多维解读。两者的结合与配合才是解说牌进行信息表达最理想的模式。只有科学性而不具有通俗性的解说牌只可能有一类观众，那就是该专业领域的观众，这将极大地削弱博物馆的教育功能。在这里给出一个只展示学术信息的解说牌案例。图4-23、图4-24是某生物博物馆的解说牌。该解说牌上的信息具有极高的科学性，但是其行文为科技论文风格，信息表述上充满生僻字和术语，导致非专业人士无法理解展示内容。针对这一现象，一些博物馆对展览/展品信息进行了通俗化演绎，从而走入了另一个极端，即科学信息的过度解读甚至是脱离科学的"歪曲化"解读。例如，某地质公园博物馆将白云岩由于差异风化引起的"刀砍纹"拟人化描述为石头的哭泣，一些博物馆以神话传说来解读自然现象等。

从以上的案例分析可知，博物馆解说牌以信息传播的广泛性和有效性为目的，应兼顾科学性和通俗性。把握科学性与通俗性平衡的关键是在保留简明科学性知识的同时，通过解说牌的设计对信

图 4-23　某生物博物馆峨眉　　　图 4-24　某生物博物馆峨眉髭蟾性
髭蟾解说牌　　　　　　　　　　二态现象解说牌

息进行逐级解码以完成信息的通俗化解读。例如，武汉大学《万里千年——敦煌石窟考古特展》中保留了石窟名称，同时对其中的生僻字进行了注音处理，还对石窟的描述进行了通俗化处理，并附示意图（见图 4-25）。盘龙城遗址博物馆一改传统考古博物馆解说系统刻板、生硬的风格，大量使用了通俗、活泼的解说牌。例如，图 4-26 为盘龙城遗址博物馆中对于碳-14 测年方法的介绍。该解说牌对测试原理进行了文、图双重解读。图 4-27 为英国阿什莫林博物馆的解说牌。该解说牌文字内容过多了，这一点并

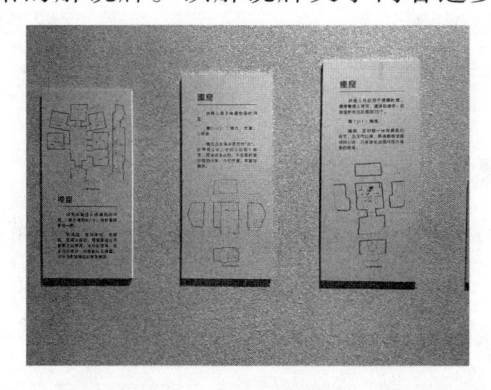

图 4-25　万里千年——敦煌石窟考古特展解说牌

不值得推崇；但这块解说牌值得称赞的地方在于，它并不止于介绍展品本身的信息，而是有意识地从展品信息中提炼主题，并与其他的主题进行联结，从而引导观众对展品的多个维度进行了解和理解。

图 4-26　盘龙城遗址博物馆解说牌

图 4-27　英国阿什莫林博物馆解说牌

### 三、引导聚焦

谈到展览信息的多维解读，就不得不强调所谓的"多维"只是提醒策展人，展览/展品在不同的领域有不同的地位或者角色，可以从多视角梳理展览/展品信息。但这并不意味着解说牌要堆叠式地展示展览/展品的所有维度信息。恰恰相反，策展人就仿佛是一幕剧的导演，他虽然没有站在舞台上，却在幕后指挥着舞台上的一切，包括观众的注意力。而策展人用于"控制"观众注意力的工具就是展览解说牌。既然要引导观众的注意力，自然就不能在解说牌信息的内容或形式上制造过多的"噪声"，而是应该目标明确地"降噪"。要做到"降噪"，首先应该做到同一主题下分类合理且明确。

分类看似简单，实则是诠释展览主题的核心。策展人计划从哪个维度去诠释展览，就应以此维度为依据对展览要素进行分类。可是，这个看似简单的原则却并不是在所有展览中都能得以体现的。例如，某自然博物馆中关于动物的展览中并列布置了3块解说牌，分别是"防御""捕猎""食腐动物与分解者"（见图4-28）。"防御"和"捕猎"是动物生存的两类策略。其中，捕猎策略又可分为进攻性捕猎、埋伏捕猎、合作捕猎等；防御策略可分为伪装防御、毒性防御、逃避和幻觉捕猎等。"食腐动物与分解者"显然不在这个分类体系中。甚至，食腐动物与分解者也不在一个分类体系中。"分解者"是一个生态学名词，是指以动植物等生物的遗体、残骸、粪便为食的生物。它与"非生物成分""消费者""生产者"在同一语境之下。而"食腐动物"只是以腐烂食物为食，显然是另一维度的分类。把从不同维度分类的信息摆放在一起，容易产生两种负面效果：一是扰乱观众的思维，二是误导观众的认知。

图 4-28　某自然博物馆解说牌

当然，以展览主题为依据对展览信息进行合理的分类只是最为基础的步骤。分类信息建立之后，策展人需要做的事情就是突出重点，剔除噪点。剔除噪点可以通过精简内容来抹去不需要的冗余信息，也可以通过形式设计来突出重点。图 4-29 是盘龙城遗址博物馆中关于兵器类型的介绍。解说牌首先对兵器进行了合理的分类，然后用简明扼要的文字描述不同类型兵器的概念，并在形式上用橙色标出重要信息。图 4-30 解说牌描述江汉之汇，将汉水与长江交汇的信息从复杂的完整地图信息中挑选出来，并着重放大盘龙城的地理位置，用于支撑解说牌的观点。又如，图 4-31 滇西抗战纪念馆在地图上用红色灯带突出战线，图 4-32 澳大利亚国家博物馆展示鸟类飞翔，直接展示各类鸟的翅膀局部特征。以上案例非常直接地展示策展人希望观众看见的信息，这使得展览主题一目了然。

<<< 第四章　博物馆展览解说牌

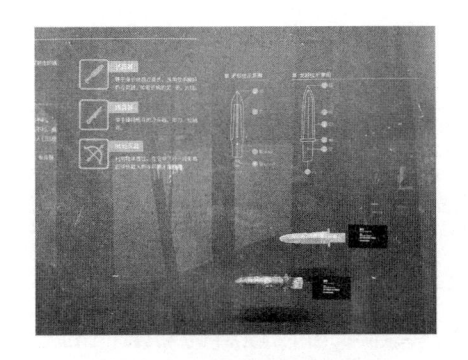

图 4-29　盘龙城遗址博物馆兵器解说牌

图 4-30　盘龙城遗址博物馆江汉之汇解说牌

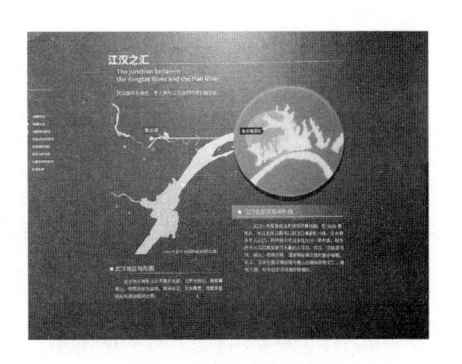

图 4-31　滇西抗战纪念馆战线解说牌

图 4-32　澳大利亚国家博物馆鸟类飞翔解说牌

101

## 四、信息串联的问题

剔除噪点信息使展览主题明确,若要使展览的维度更多元,则需要对信息进行串联。展览解说牌信息串联可以大致分为:(1)同一展品不同维度信息的串联;(2)不同展品同类信息的对比串联;(3)不同展品不同类别信息的跨界串联。第一类串联可以理解为对展品的全方位解读,它的作用效果是加深观众对展品的理解。苏格兰国家博物馆中动物展区,从生境、体型、饮食等各方面介绍大象。第二类串联则可以扩展观众的视野,使观众对某一领域有更广博的理解,也可以通过对比,判断展品的地位和价值。图4-33是武汉市桥梁博物馆关于各类桥梁奖项的解说牌。该解说牌不仅展示了各类桥梁工

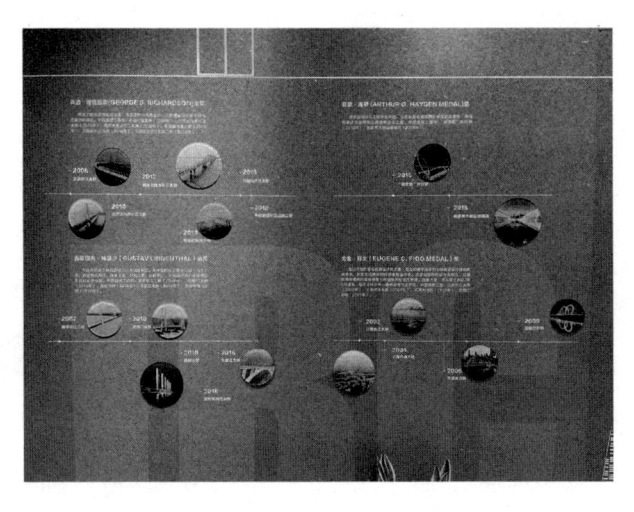

图4-33 武汉市桥梁博物馆桥梁奖项解说牌

程荣誉,还展示了历年来的获奖作品。图4-34是山西青铜博物馆世界青铜文明解说牌。解说牌用时间轴串联起了同一时期不同地域的

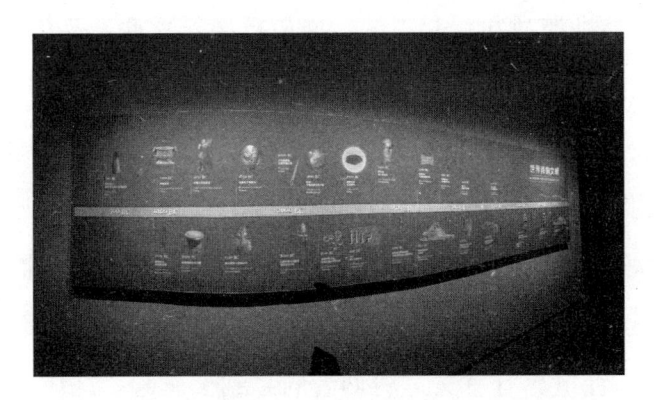

图 4-34　山西青铜博物馆世界青铜文明解说牌

青铜文明。以上两个展板都通过串联，为观众提供了扩展版的展览信息。图 4-35 是山西地质博物馆关于矿产品种的对比。通过对比，为观众提供了明确的观点信息——主要矿产种类不多、支柱矿产种类少。第三类串联是最近几年博物馆展览中常见的类型。一些看似

图 4-35　山西地质博物馆矿产品种类解说牌

103

不相关的展品被摆放在一起，解说牌信息揭示这些展品的跨界联系，为观众提供新思维。如果说博物馆教育具有多个层次，那么第三类跨界串联展览的教育意义显然已经超出了介绍知识、原理的层面，而是进阶到了激发观众思考的层面。图4-36是澳大利亚悉尼大学CCKM博物馆的跨界展览，图中的两个展柜分别是黑星宝螺螺壳和木质矿物几何单形模型。两者看似毫无关联，但是策展人却通过"分类学——让世界有意义"将两者联系到了一起。这让观众的思维被点亮，思考更多的分类学案例，从而理解自然的规律、秩序、法则。跨界串联突破了教科书式的学术框架的束缚，带有浓重的策展人主观思维倾向。这两个展览标志着一种新的策展宗旨——与观众探讨，而非传统的单向传授，或是新近主流的"对话"。它提出思考，但没有给出明确的答案。就好像2022年新公布的博物馆定义中所写：博物馆以符合道德且专业的方式进行运营和交流，并在社区的参与下，为教育、欣赏、深思和知识共享提供多种体验。

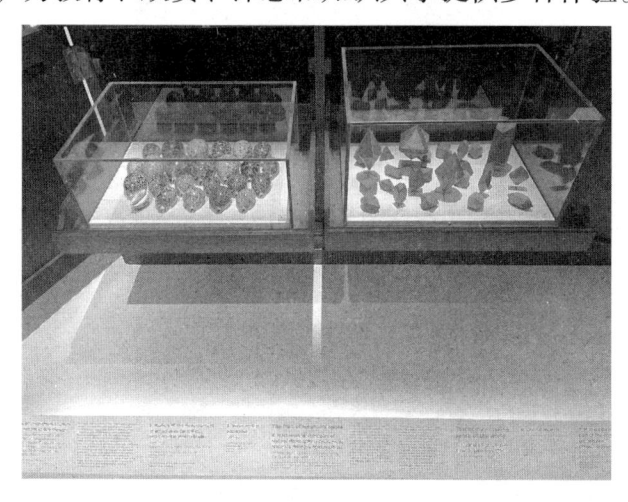

图4-36　澳大利亚悉尼大学CCKM博物馆跨界展览解说牌

## 五、不拘一格的风格与开放式讨论

从世界上最早的公共博物馆阿什莫林博物馆建立的 1683 年算起，博物馆已经有 300 多年的发展历史，博物馆的运营模式成熟，功能齐备，其在公共文化中的地位稳步提升。与此同时，全球教育发展迈上新台阶，全球公众科学素质水平不断提高。在此背景下，观众对博物馆的需求也相应提高。关注社会热点问题、激发观众思考已经成为近年来博物馆策展的新方向和新策略。因此，不拘一格的展览风格与探讨式的展览在当下越来越常见。

澳大利亚博物馆中有一个名为 "200 *Treasures*（《二百瑰宝》）" 的展览。展览的前言中这样写道：

What do you treasure? An object, a person, a memory? Surrounding you in the resplendent Westpac Long Gallery are 200 of the Museum's greatest treasures. Wander through the ground floor to discover 100 objects, carefully selected from the Museum's vast collection of over 18 million items. On Level 1, you'll find 100 people who have been identified for the way they helped shape Australia.

These treasures reflect the varying significance we attach to the things that touch our lives. Through them, intriguing stories are revealed about our Museum, our state, as well as Australia as a whole—our people, history and role on the world's stage. They also provide a glimpse into the extraordinary realm of museum collections and research—a realm that holds the key to understanding humanity's past and present and protecting its future.

A treasure's value also lies in its context. Encircling the object treasures—from above on Level 1—are snapshots of the Museum's collection areas. And every object is part of an entangled relationship between people, nature and culture. Discover these complex connections through a series of tableaux—each a means to frame a time, a place or a story.

中文译文：什么是您所珍视的？一件物品、一个人还是一段回忆？在金碧辉煌的 Westpac 长廊中，200 件博物馆最珍贵的藏品环绕在您左右。这 200 件展品是从 1800 多万件藏品中精挑细选而来，是它们形塑了澳大利亚。

这些瑰宝或融入我们的生活，或推动历史的进程，它们承载丰富而特殊的意义。通过这些瑰宝，我们得以窥视有关我们的博物馆、我们的州以及整个澳大利亚的耐人寻味的故事。这些故事中有我们的人民、我们的历史和我们在世界舞台上的角色。这些瑰宝是澳大利亚博物馆卓越的收藏和博物馆研究的缩影。因为这些珍贵的收藏，我们得以掌握了解人类过去和现在、保护人类未来的关键。

这些瑰宝的价值还在于与之相关的背景与环境。这些瑰宝不只是它们本身。每一件瑰宝都代表着人、自然和文化之间相互依存、不可分割的关系。在一系列主题展柜中，您可以感悟这些纵横交错的联系——每一个展柜都包含着一段历史、一个区域或一个故事。

澳大利亚国家博物馆 200 瑰宝展厅中有众多展柜，每个展柜都采用一组看似毫不相干，实则互有联系的藏品共同支撑一个主题（见图 4-37）。悉尼大学博物馆的自然展厅则用一系列问题开启了与观众对话讨论的展览模式（见图 4-38）。

图 4-37　澳大利亚国家博物馆 Westpac 长廊

图 4-38　澳大利亚悉尼大学博物馆展板

这类展览的策展人将自己放在与观众平等的位置上，试图通过对话，引发观众对展览主题的共鸣，引导观众对与展览相关的社会问题的思考。这类展览往往跳脱出传统的学科知识框架，围绕一个特定主题，抽提各展品的主题元素，通过带有主观情感的文字描述应和展览开放式对话的主基调。因此，这类展览的信息解说牌的文字描述有别于以科学教育为主要目的的解说牌，它们的文字风格带有更鲜明的主观情感。

## 六、解说牌的文字美感

说到博物馆解说牌的文字表述，这可不是一件容易的事。首先，考虑到博物馆参观伴随体力消耗的特殊性,博物馆解说牌的文字篇幅必须是短小精悍的。其次,各展厅风格统一才能给观众以整体印象。因此解说牌文字的风格需要保持一致。与此同时,展厅解说牌文字承担展览主题介绍、展览引导、展览信息解说、展览教育等任务,其文字表述还需要具有高度的表达力、引导力、控制力和影响力。

山西青铜博物馆《青铜先声》展览的前言部分表述为"陶寺文化是中国青铜文明萌芽阶段的代表。龙山文化晚期,方国文明如满天星斗,地处中原和北方文明交汇地带的陶寺融合众流,不仅在社会生产力上突飞猛进,在社会复杂化进程上也迈出关键一步。城市、大型公共建筑、贵族墓葬、文字、礼制性艺术、科学技术相继出现和成熟。在众多方国之中,陶寺脱颖而出,率先走向王国文明。这里就是最初的'中国',也是青铜时代的先声。"

该前言寥寥170字,却用专业的表述定性了展览的主题,勾勒出展览的轮廓,实在是短小精悍。又如武汉大学万林艺术博物馆口腔大世界展览展示了显微镜下的口腔世界。虽然是自然科学展览,但其解说牌的文字描述优美且耐人寻味。

——医学家在追寻与美之境的路上跋涉着身影,就像研究人体解剖的达·芬奇,期待去发现人体中蕴藏的,那个与大宇宙运行规则相同的小宇宙一样。这些人独具慧眼的追寻,最终都提升了我们。(见图4-39)

——在显微镜下的生命微观视野里,发现了另一方天地洪荒,它的包罗万象,与我们置身其中的宏观宇宙相比,完全不

逞多让。那些景观令我们每个人惊叹不已。(见图4-40)

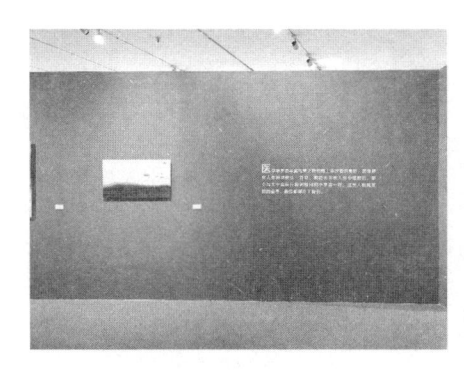

图 4-39　武大万林艺术博物馆口腔大世界展览展板 1

图 4-40　武大万林艺术博物馆口腔大世界展览展板 2

## 七、形式设计与文字内容的配合

如果说博物馆解说牌的文字内容是展览信息的内涵,那么展览的形式设计就是其华丽的外衣。这身"外衣"需要维持自身的统一,还需要与信息解说牌的内容配合。目前各博物馆展厅比较普遍的是对展览的不同单元进行颜色分区。一些小型展览,策展人也会采用某种符号作为展览的线索,将展览各单元联系起来。

例如,牛津大学阿什莫林博物馆用不同的颜色设计各区域展厅展板。澳大利亚麦考瑞大学历史博物馆用图腾符号来代表不同的单元。

本节罗列了一些博物馆解说牌设计的案例,从不同角度阐释博物馆解说牌的"可为"和"应为"。

第五章

# 博物馆展览信息可视化设计的原则和建构流程

## 第一节 博物馆展览信息可视化加工策略和原则

英国学者苏珊·皮尔斯（Susan M. Pearce）在关于博物馆收藏的考古文物阐释的论述中，将考古文物的信息分为物理特征、文化背景、意义和价值三个层次。[①] 作为策展人应该清楚地意识到任何一件展品的信息内涵都是丰富且有层次的。因此，策展人在策划展览解说牌时应该于宏观中观微观，即先锚定展览定位，然后假设单元结构，最后于微观中反复推敲视觉设计。这也是博物馆展览信息可视化加工的第一项原则——设计顺序遵从先宏观再中观最后微观的原则。

---

① PEARCE S M. On collecting：an investigation into collecting in the European tradition [M]. London：Routledge，1995：22-25.

<<< 第五章　博物馆展览信息可视化设计的原则和建构流程

**一、设计顺序由宏观到微观原则**

博物馆作为非正式教育机构，其观众群体具有多样性。这种多样性既体现在认知水平和价值观念上，也体现在参观动机上。行为科学的研究发现，想要在无限的信息中有效利用起观众有限的注意力，是一件极其困难的事情。因此，在进行博物馆展览解说牌设计时，首先确定展览主题，接着围绕主题建构支撑单元，才有可能通过信息量的控制、信息的合理组织与布局帮助观众提高注意力。

**二、注重展览主次关系的处理**

需要注意的是，博物馆参观与小说的阅读以及观影是不同的。一部小说、一部电影都允许在故事起承转合的任何阶段设置高潮；但博物馆的参观不仅仅是脑力的活动，它还伴随着体力的消耗。因此，博物馆观众的注意力往往会随着观展时间的延长而不断减少。换句话说在观展前期，观众的注意力分布点较集中且密集，而到观展后期，观众的注意力则不断下降。了解了博物馆观众观展的斜坡效应（"斜坡效应"表现为整个参观过程单位面积的耗时量呈现为一条速率不断增长的抛物线），策展人在锚定展览主题之后的单元设计环节，就应该尽可能地把展览的重点、亮点、热点部分，尽量设置在展览靠前的部分。在整个展览解说牌的布局中也不应平均用力，而是应该在每个独立单元中提炼绝对少数的亮点信息进行诠释，这样才能向博物馆观众勾勒出展览纲举目张的结构。

*111*

### 三、展开对展品信息的多维解读

澳裔英籍考古学家戈登·柴尔德（Gordon Childe）认为，孤立的考古遗存只能被称为"潜在的考古资料"。只有结合考古发掘场景的文物才能被称为考古遗存。无独有偶，英国考古学家，后过程考古学代表人物伊恩·霍德（Ian Hodder）也提出了"情境考古"（contextual archaeology）的概念，强调解释物质文化需要与发现地的情境相联系。这对于博物馆展览解说牌应诠释的信息给出了非常明确的启示，解说牌的信息除了展品本身的信息之外，还应该联系展品所处的情境进行深度的解读。近年来，关于陈列品在博物馆语境中的阐释越来越普遍。例如，自然科学博物馆中对于生物生境的信息的诠释，历史类博物馆对于文物出土环境的诠释等。情境展示构建特定的环境，强调展品、陈展单元的整体性和关联性，为观众提供一个相对完整的信息链条。

### 四、架设展陈逻辑线

逻辑作为思维规律在人类生活中扮演着重要的角色。在展览中，一种清晰明确的逻辑形成，也是观众能够理解展览信息的决定性因素。因此在设计博物馆展览解说牌时要构建清晰的叙事逻辑和空间逻辑。

1. 叙事逻辑的构建

展览中的叙事逻辑是指对于展览主题展开顺序的一种主观推理。由于展览主题中不同事件的发生具有先后性，将其在时间上进行合理串联，能够形成一个完整的叙事线索。由于叙事逻辑的关联，使展品、事件之间形成了因果关系，这些因果关系的存在，也促进了整个展览叙事的发展。如果将展览的每个单元看作是一个叙事序列，那么全部单元的组合将最终组合成整体性的展览故事。也因此，单元与单元之间是展览的叙事节点。在具有叙事逻辑的展览中，每一个展品都内含了一个具体的时间点或与叙事发展相关联的线索，它们将帮助博物馆观众形成完整清晰的展览主题印象。

2. 空间逻辑的建构

博物馆展览是一个三维空间形态下的媒介系统，它包含内外空间以及整体与局部空间之间的关系。从展品和展览布局层面来看，它们的不同摆放和组织形式产生了特殊的空间结构，这种结构的形成为观众在参观过程中提供了一定的通道。空间逻辑事实上与观众的参观路线和顺序有着直接的关联，组织框架需要通过空间建构对观众产生空间逻辑的正确引导，以此帮助观众清楚地知晓参观路线，从而在策展人预设的参观模式下获取展览信息。

如果说以上四点是博物馆展览解说牌内容设计的原则，那么博物馆展览解说牌还应遵循以下形式设计的原则。

### 五、内容与形式的统一

博物馆展览解说牌的形式设计必须符合展览的主题思想。解说牌的形式在设计时将视觉元素如文字、插图、色彩、图表等多种信息做整体编排设计。因此在对博物馆展览解说牌进行形式设计时，应该在整体观念下策划各视觉要素的角色和分量，体现主次分明、各司其职。

## 第二节　博物馆展览信息可视化加工的设计基础与规范

毫无疑问，博物馆展览信息可视化加工设计是艺术设计的一种。但是，博物馆展览所要展示和传递的信息以科学原理或科学知识为基础。因此，博物馆展览信息可视化设计并不是有如"脱缰野马"一般的艺术创作，而是由科学性和规范性去支撑的"美"与"智慧"并存的产物。在博物馆展览信息可视化加工策略和原则的指导下，博物馆解说牌的图或文设计需要遵循以下规范。

### 一、"文"的设计规范

我国的博物馆解说牌一般会采用中文、英文两种文字。有些地方的博物馆从参观观众来源、展览主题联系的角度考虑，还会采用日文、韩文等文字呈现解说内容。无论哪种文字书写解说牌，都应该首先遵守文字排版的基本规范。从"形式"和"内容"两个角度分别来看待"文"的规范。

在形式上，博物馆解说牌的文字首先需要注意的是字体、字号。汉字是世界上最古老的文字之一，具有悠久的历史。在几千年的演变过程中，汉字的形体逐渐由图形变为笔画，经历了甲骨文—金文—篆书—隶书—草书—楷书—行书的汉字七体之变化。在博物馆解说牌的设计中，不同的汉字字体可以根据不同的意境进行设计使用。其中，展览主题解说牌标题部分的字体、字号的自由度最高，可以选择与主题相符合的字体，用于烘托展览的氛围。例如，2020

年由腾讯看点、壹基金主办的关注孤独症儿童的《无处不儿童》展览前言中提到"即便成了大人，也总被感染着朝向明亮那方。就像我们遇到的这群朋友：星星的孩子。"因此，在该展览的标题设计中，不仅采用了满含童趣的特殊字体，还在字体中设计"星星"图案，用于点题（见图5-1）；2018年全国公安文联、中国长城书画院主办《人海·观照》水墨画展览标题则采用竖排繁体手写毛笔字体，很好地配合了展览内容（见图5-2）；2021年武汉自然博物馆《一虫一世界》抽取昆虫特征元素精心设计了展览标题字体，令展览的内容一目了然（见图5-3）。展览信息解说牌的自由度则要低得多。它需要考虑观众的阅读需求，而非追求艺术效果。因此，展览信息解说牌必须采用规范汉字，多为从左至右横向排版。《中华人民共和国国家标准：文物展品标牌（GB/T 30234-2013）》中规定："展品标牌语言文字应使用汉语、外国语言和少数民族语言。汉语是所有展品标牌都应使用的标准语言文字；少数民族语言文字的使用应遵照国家法律、法规执行……简化字是现代中文的法定标准汉字，是展品标牌中的标准语言文字，一般作为第一语言文字使用。标牌用字应以现行简化字为标准用字，以国家公布的《简化字总表》《印刷通用汉字字形表》为准。"英文字体的选择原则与中文类似，主要根据文字内容来选择字体风格，但是还需要考虑的一点是英文大小写的问题。一些英文标题往往会采用大写字母书写。而关于字号的选择则应从两方面考虑：一是考虑所表达内容的层级，二是观众的阅读体验。文字的字号是指文字的大小。目前，字号的标准主要以号数制、点（磅）数制为主。在博物馆信息解说牌中，字号的大小直接表明了内容的层级。因此，概括性的标题、重要的内容都应该由更大一些的字号来体现。例如，一些展览信息解说牌中不仅会用大号的字体来表达标题，还会将描述性文字的第一个字或第一个词放大，从而引起观众的注意。另外，字号应根据观众观看距离而定。

图 5-1 《无处不儿童》　　图 5-2 《人海·观照》　　图 5-3 《一虫一世界》
　　孤独症儿童专题展　　　　　书画展海报　　　　　　　　昆虫展

　　其次应该注意的是字距、词距、行距、行长。字距顾名思义就是字与字之间的距离。字距与字形有关。从字的形状分类，中国方块字、拉丁字母可以大致分为方形、圆形、三角形。在这三类字形中，汉字方形字最简单，不论字的笔画的多少，都可以固定在田字格或米字格中。拉丁字母中方形字母所占空间最大，圆形次之，三角形所占空间最小。这意味着，字母如果等距排列，则会在视觉上产生疏密不均的印象。因此要根据字母的字形来调整字距。各类字形相邻时，字距由大到小依次为：方形字与方形字相邻，字距最大；方形字与圆形字相邻，字距次之；方形字与三角形字相邻或者圆形字与圆形字相邻，字距再次之；圆形字与三角形字相邻，两字格边线几乎接壤；三角形字与三角形字相邻，字距最小，两者的空白区域需要相互重叠嵌入。词距的问题更多存在于英文中。英文单词的组成字母的数目和形状并不相同,因此词与词之间的距离就成了在设计解说牌版面时需要注意的问题。词距其实是受字距影响的,但字距间隔较大的时候,应注意词距也要适当调大。否则,会出现局促的问题。行距影响着解说牌排版的秩序感与美感。需要注意中文行距一般应为文字大小的1~2倍。英文由于有大小写,大写英文字母的行距应大于或等于字母高的1/2。另外,有别于其他使用场景,博物馆解说牌的观众多为站立观看,因此信息解说牌的行长不宜过长。设计者在考虑行长时还要注意行长与字号的搭配。小字配长行或是大字配短行都是会严重影响美观和阅读体验的搭配。此外段落之间需要有一定的距离。段落之间的距离往往能够有效地消减读者在阅读时的疲劳感,但是,行距过宽容易使版面产生过多的空白而给观众带来涣散的印象。字距、行距、行长不仅决定了观众的阅读体验,还决定了解说牌排版的艺术风格,是在设计博物馆解说牌中需要关注的细节。

  第三个需要注意的是排版,排版主要有以下几类。两端对齐:这种排版方式采用每行左右都对齐的规则。大多数情况下这种排版方式给人以稳定、整齐的印象。但是在一些特殊情况下,例如行长较长,字的形状变化较大的情况下,容易出现词距、字距不均匀的版面。左对齐:顾名思义就是向左靠齐的文档格式。它常使用在书籍、画册的排版中。如果博物馆信息解说牌中有诗句、短句出现,使用这种排版方式是合适的。但是,需要注意的是,当解说牌中有2栏及以上的排版时,这种排版方式很容易因为看起来不整齐而引起阅读不适。右对齐:右对齐与左对齐相反,是向右靠齐的文档格式。

右对齐常用于短文。一些博物馆的信息解说牌更侧重借用每行信息独立的短语、短句传递情感信息，这时，右对齐的排版就比较适用。

中间对齐：文本对齐方式的一种。当使用这种对齐方式时，文本会在水平方向上居中对齐，也就是说，文本的左边和右边的空白区域将会相等。这种排版方式多用于标题。在设计博物馆解说牌时，需要注意根据不同的使用场景，选用不同的排版方式。无论使用哪种排版方式，都应该以美观、可读性强为目标。除此之外，需要注意的是，博物馆解说牌的设计实际上是版式设计的一种，它应该遵从出版物排版的通用原则，例如"单字不成行"原则。当排版时出现一个汉字排不下，落到下一行的情况，应该通过调整行长或改词等方式，使单个的字不要单独占一行。再比如，自然科学类的解说牌会出现一些专业术语，在编辑这些专业术语时一定要按照书写规范来写，如使用斜体等。

  博物馆解说牌文字内容的表述更考验策展人对展览信息表达的把握水平。博物馆参观是特定空间内的动态观看。解说牌的内容应具有简洁易读的特性，这不仅能保证展览信息的有效传播，还将有效避免在展厅内形成拥堵。因此，在博物馆展览解说牌的设计中，需要特别注意文字、图表的可读性，博物馆解说牌在内容上应注意：（1）控制文字篇幅。博物馆展览解说牌的文字部分一般由主标题、副标题、描述性正文组成。主标题以 6~10 字为宜，次标题字数不超过 25 字，正文字数在 100~200 字之间，每行文字不宜过长。这一原则的依据主要是，根据研究，游客在看见解说牌标题后的 0.3 秒内便会决定是否继续阅读标题以下的内容，因此标题应该具备简明、有吸引力这两个特点。而根据展品展示相关调查表明如果文章超过

100 字，观众的阅读兴趣就会下降。因此，即使设计者想要把方方面面的信息都展示给观众，也要严格把握解说牌的正文篇幅，以免过大的篇幅给读者造成阅读压力，从而放弃阅读解说牌上的文字内容。(2) 注意语言文字风格。解说牌的语言风格和句子结构是决定观众对信息理解程度的重要因素。设计者在设计解说牌的文本内容时应尽可能用通俗易懂且有趣的短句子来对知识点进行描写。要避免使用游客没有任何视觉参照物的词语或没有任何参照的专业术语。同时，解说牌的文本所采用的字体、字号、行间距、底板与文字的颜色等也是需要格外注意的细节。(3) 选择直观的图表。解说牌中选择搭配文字、体现主题，并能实现情感目标的照片或图片。如果实物或景观很容易看到，则无需制成图片。策展人应谨记解说牌中的图表是帮助观众理解展览主题的辅助工具，繁杂难懂的图片和表格并不是理想的解说牌内容。(4) "提尔顿提示"的运用。文本的创作要运用维佛卡提出的"提尔顿提示"，即激发兴趣、引发关联、揭示信息、讲述全局和整体、信息一致。"激发兴趣"是指在开头采用激发性的陈述、标题或使用其他技巧来吸引游客注意力；"引发关联"指解说信息要与游客日常生活引发关联，比如用类比、比喻等技巧来帮助游客识别信息；"揭示信息"指通过一个小技巧或一个不寻常的观点向游客揭示故事或讲解内容最关键的部分；"讲述全局和整体"指解说文本的内容要符合整个总体解说的主题；"信息一致"指应用大量但是有变化的重复性提示来创造并支持某一特定的主题、情绪和氛围。

## 二、"图"的设计规范

图形在解说牌中的作用是与文字互为解说，给观众以直观的视觉印象。在进行解说牌的图件设计时，首先要明确图形在具体解说牌中的作用。图件是以象征性为主要目的的造型形态。人们对图件特征的感知是较为敏感的，这种特征包括点、线、面等一系列由简单到复杂的图件信息。图件又可分为现实形态和观念形态两种：现实形态是指人们在日常生活中可观察到的自然和人为生成的图形，观念形态则是指人的感官不能直接感受到的形态，是人们意识中抽象而成的形态，如点、线、面等几何图形。在展览解说牌的设计中合理运用图件的各种元素及其相互关系，能够有效地引发观众的注意和信息的认知。

解说牌中的图与其余版式设计中的图的作用有很大的差异。首先，图件是配合解释解说牌文字的。因此，一些图片需要在原始基础上进行修改和调整，从而突出所想传达的信息。其次是美观。博物馆解说牌除了解释展品信息之外，还有一个作用是支撑展览风格，烘托展览氛围。因此，图片的面积、形状、方向、色彩、组合等都需要考虑展览的整体风格。

在人们对图件进行认知的过程中，还存在一些特殊的认知特性。著名的格式塔心理学将这些特性定义为完形心理原则。在对博物馆展览解说牌进行设计时需要遵循心理学认知理论，具体如下。

图形背景法则：在特定的知觉范围内，知觉对象并不是同等重要。有些对象轮廓分明，凸显出明显被感知的图形；而另一些对象则退居次要地位，成为图形的背景。

接近法则：某些距离较短或相互接近的部分容易组成整体。

相似法则：相似的部分容易组成整体。

闭合法则：彼此相属的部分，容易组合成整体，彼此不相属的部分，则容易被隔离开来。

连续法则：连接在一起的形状更容易被认为是一个整体。

另外，需要注意的是图件的规范。在一些博物馆解说牌中，图件要传达的是精准的科学信息，因此，在考虑图片美观的同时，还应注意图件的图例、符号等的规范使用。

### 三、"色彩"的设计规范

在视觉认知产生的过程中，往往通过具体的视觉元素作为认知的基础。这些视觉元素包括了色彩、图形和空间等，不同的元素能够形成不同的认知特征，从而对观众的阅读产生不同的影响。色彩是引起人们视觉感知的最直接信息。客观物象还没有以完整的形象展现在我们眼前时，我们首先接收到的是它的色彩，这种模糊的认识显然比其他视觉信息更加直接。例如，具有强烈对比性的色彩往往更能引起观众的注意力；色块的分布可以使观众的注意力被分配到不同的区域中。人类这种对于色彩的注意力还可用于空间的延伸和视觉的引导，从而帮助观众明确展厅的方位和路线。

很多人会认为配色是一种主观判断。实际上，配色有着规范的科学依据。配色的目的之一就是打动人心，而人心其实就是色彩心理学。利用色彩心理可以完善博物馆解说牌的配色，从而影响并引导观众的视觉注意力。例如，红色具有使脑内分泌肾上腺素的作用，绿色总是能令人联想"成长""生命",蓝色总是能令人想到海洋或天空,等等。设计师所采纳的解说牌颜色并不只是基于颜色的生理性因素,设计师还应该考虑风俗文化中的颜色印象、人生体验中的颜色情感,等等。

### 四、"版面"的设计规范

严格来说,排版组成中的设计元素分为两种——图片和文字。其中图片包括照片、插图。有效利用这两种元素的过程就是排版。组成要素的各种设计素材具有视觉心理作用,排版理论正是以这种作用为基础。排版的方式千变万化,但基本原则就只有几个:一是版面要具有可读性,能顺利地传递信息;二是版面要井然有序,在众多的图文元素中谋求秩序;三是对观众进行视觉引导。

## 第三节 博物馆展览信息可视化的建构与加工

博物馆展览解说牌中的视觉符号拥有并不与语言符号完全重叠的阐释功能。相较以语义性符码为核心的文本叙事,视觉符号的解读维度更为多元,且信息可视化的叙事过程必然是一个连续动态的过程。视觉叙事实际上是文学叙事的视觉化。

信息可视化表达的目标为简洁、准确、美观。要实现目标,设计者需要理解并掌握大量相关信息,搭建信息框架,然后进行一系列加工。具体说来,博物馆解说牌信息可视化的设计流程主要如下:

首先是信息采集。信息采集是指信息中的功能要素及相关数据的采集，它包含理解和提取两个步骤，是极为重要的信息积累工作。它需要超越单纯的时间和空间，对展品进行尽可能多的多维思考和处理，获取丰富可用的展览信息。

其次是信息架构工作。信息架构是基于信息采集工作和信息分析工作的工作。设计者需要从海量信息中提取与展览主题密切相关的元素，并搭建信息框架。这一过程使信息与数据实现整合的高效性，也基本明确展览的思路、脉络和风格。

在这一过程中应重点思考如何满足公众信息理解的需要。比如针对儿童的信息可视化设计，在构建信息逻辑时就不能采用成人理解信息的模式；对于不同学习风格类型的群体，也要用视觉型、听觉/言语型，还是动觉/触觉型来加以区别。

再次是视觉转化环节。这一环节通过符号编码的方式将抽象的信息转化为可以读取的视觉化语言符号。视觉转化不仅需要依靠灵感支配创意，更是一个承接前期信息采集与信息架构的、具有逻辑性的创意过程。

在人类的社会传播活动中，信息是符号和意义的统一体，没有视觉符号，信息无从依附，也难以传达，信息引导行为的效果也无法实现。因此，在实现数据信息采集和信息架构的基础上，需要对信息内容进行视觉转化，方便观众了解庞杂的、多维的数据信息，以及数据信息相互之间的内在关系。

最后一个环节是符号传达。符号传达是设计者基于对符号的理解、认知，对视觉转化成果的修改和完善。这个过程中信息传达的效率既取决于设计中如何编码，也取决于参观者如何解码。完成符号传达的关键是建立以符号为元素的传递者与信息接收者之间共识性的意义空间。这个环节往往需要借助科研成果和观众反馈进行多次评估、修改，以实现解说牌可视化的目标。

与其他领域的信息可视化表达不同，博物馆的参观环境、人流缓冲、参观游线等为信息可视化的自由度设限。博物馆解说牌对于信息可视化的运用应遵从相应的原则以保证解说牌版面的简洁性、信息主次分明等。

第六章

# 思考与展望

　　美国博物馆与网络协会在探讨博物馆发展趋势时提到,未来的博物馆将更具有可及性,更注重观众体验,更多策划讲故事的展览。让我们一起回顾本书前面所提到的奥地利社会学家奥托·纽拉斯设计的伊索体系。这套图形传达系统的初衷就是让信息表达突破文字、语言障碍,连接不同程度教育背景人群的思想,让信息的传播更加广泛。显而易见,博物馆解说牌的信息可视化也同样能在信息与观众之间架起沟通的桥梁,为博物馆未来的普及性贡献力量。除此之外,解说牌的信息可视化还将在提升观众体验和助力阐释性展览方面发挥关键作用。

　　金晓颖在《当代博物馆的展示叙事研究》一文中提到"进入现代之后,社会文化掀起了一番叙事研究的思潮,博物馆作为文化传承和社会教育的场所,不同于以往的'展什么',而开始重视'怎么展'",展示叙事被提到了突出的位置,展示过程首先是有叙事性的,博物馆的发展也呈现出"从'物'到'事'、人从欣赏到理解、空间化三个趋势"。无独有偶,信息可视化的发展趋势也在向"叙事式"方向发展。Gershon 等人讨论了故事叙述在可视化应用中的案例,认为故事叙述转换到可视领域,能让大量信息直观展示,更容易被听众所吸收。① Wojtkowski 等人②认为，计算机技术提供的新媒体和模式使得信息传递可以用类似故事的风格，并讨论了故事叙述对于信息可视化的有效性。随后，越来越多的研究者对可视化驱动的故事叙述设计进行了探索。这并不是信息可视化发展过程中的突发事件。信息可视化的叙事式发展有其悠长的发展历史和恰当的技术支撑。早在1869年，查尔斯·约瑟夫·米纳德绘制的《拿破仑在1812以及1813年率军入侵俄罗斯时惨遭败北的行军图》就完美演绎了信息可视化的叙事效果。该信息图背景是真实地图，西起波兰边境，东至莫斯科。图中共引入6个变量数据：拿破仑的军队数量；行军路线；气温；地理位置；行军到特定地点的时间；距离。拿破仑开始东征时约有42万人，而到达莫斯科时仅剩10万人，最终活着返回的不到1万人，军队伤亡惨重。该信息图不仅表达了整个行军过程的客观数据，还暗含军队惨败的原因，即军队10月底从莫斯科撤离，当时气温最高不超过零摄氏度，天寒地冻，撤退过程中不断减员。至别列济纳河（Berezina River）时，由于士兵被大量冻死，人员骤减。可视化的先天优势——醒目、简洁，并能揭示信息之间的关系，必将与未来博物馆阐释性展览的发展共同进步。

与此同时，叙事表达往往隐含故事情节的动态发展线，因此，它还会为博物馆的展览带来一项"副产品"，即提升观众在参观展览时的体验。众多可视化领域的专家已经针对交互故事可视化进行了相关研究。2006年，Wohlfart提出交互式的可视化方法，他在故事叙

---

① GERSHON N, PAGE W: What storytelling can do for information visualization [J]. Communications of the ACM, 2001, 44 (8): 31-37.
② WOJTKOWSKI W, WOJTKOWSKINW G. Storytelling: its role in information visualization [J]. European Systemsence Congress, 2008, 36 (4): 75-82.

述中将一部分故事通过交互让观众控制,剩余部分从预先设置的故事脚本执行,并提出了基于故事节点的故事录制方法。2008 年,Lu 等人设计的交互故事板以清晰的故事板布局来可视化时变数据集整体时间演化和显著数据特征。2010 年,Segel 等人整理了叙事式可视化在新闻叙事、教育媒体等领域的发展,提出了叙事式可视化的设计策略。① 2012 年,Lidal 等人设计了地质故事可视化方案,帮助地质专家快速绘制地质故事,将地质模型以故事形式呈现,也能展示地质模型的推导过程。可视化在叙事场合的应用极具感染力,使观众更能沉浸于可视化故事中,有效地提高了对于数据信息的理解性和记忆性。②

  本研究讨论了信息可视化在博物馆解说牌设计领域的应用。从信息可视化的特点和规律分析,对博物馆解说牌的内容进行可视化加工使专业知识或复杂的信息更容易被认知、更具故事性、美观且实用。未来,随着博物馆展览向叙事化风格发展,叙事式可视化生动形象的表现方式也将会应用到博物馆解说牌的设计中。因此,提升博物馆解说牌的信息可视化加工质量和水平,增强展览对观众的吸引力和持续作用力迫在眉睫。随着可视化解说牌在博物馆的涌现,对其概念、特征、建构流程进行探讨具有现实意义。笔者尝试在界定博物馆解说牌信息可视化的基础上,针对当前我国博物馆解说牌设计中存在的问题,从视觉认知原理、可视化加工原则、建构流程等进行分析和总结,希望能够给博物馆从事相关工作的人员以一些启发。

---

① SEGEL E, HEER J. Narrative visualization: telling stories with data [J]. IEEE Transactions on Visualization and Computer Graphics, 2010, 16 (6): 1139-1148.
② LIDAL E M, HAUSER H, VIOLA I. Geological storytelling: graphically exploring and communicating geological sketches. Proceedings of the International Symposium on Sketch-Based Interfaces and Modeling [J]. Heidelberg: Springer, 2012: 11-20.

# 附：博物馆展览空间设计经典案例
## ——芬兰自然历史博物馆（范陆薇，彭晶，2021）

### 一、芬兰自然历史博物馆简介

位于芬兰首都赫尔辛基的芬兰自然历史博物馆（英语名称：Finnish Museum of Natural History；芬兰语名称：Luonnontieteellinen Keskusmuseo，瑞典语名称：Naturhistoriska Centralmuseet；简称：LUOMUS）成立于1988年，是赫尔辛基大学下属的独立研究机构，是芬兰三大中央国立博物馆之一，藏品和展品以古生物学、地质学、动物学、植物学标本为主。

与国内的一些博物馆情况类似，芬兰自然历史博物馆的建筑最初并非为博物馆而设计。芬兰自然历史博物馆的建筑始建于1913年，最初是俄罗斯男校。1917年芬兰获得独立后，这座建筑被改造成陆军总部、军校、体育馆等。赫尔辛基大学在20世纪20年代末买下了这座建筑，作为动物标本库。1988年，这座建筑才以自然历史博物馆的面貌正式对外开放。

芬兰自然历史博物馆有四层楼，5个常设展厅。首层空间布局为："骨头的故事"常展厅（The Story of Bones）、临展厅、咖啡厅；二层的空间布局为："世界野生动物"常展厅（The Wildlife of the World）、"自然之变"（Change in the Air）、工作坊、多功能教室；三层的空间布局为："生命的历史"常展厅（The History of Life）、"芬兰的自然"常展厅（Finnish Nature）；四层为阳台（见图1）。

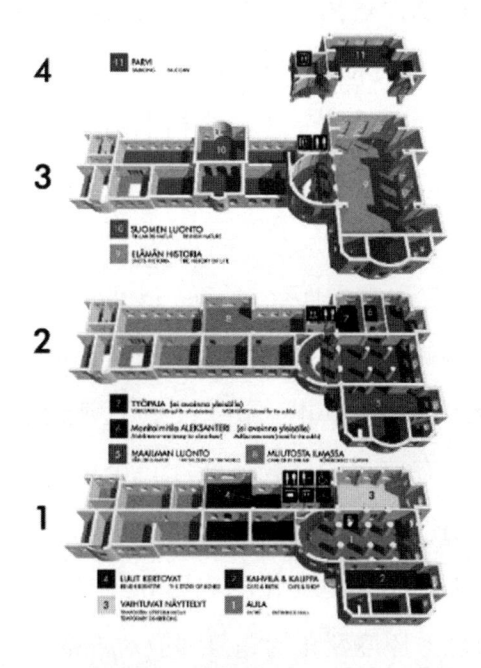

**图1 芬兰自然历史博物馆展厅分布图**

五个常设展厅的展陈内容和基本设计如下：

（1）"骨头的故事"常展厅（The Story of Bones）位于博物馆一层，它的面积较小，主要展示脊椎动物的骨架，以说明骨骼的作用、骨骼的发育和进化、关于骨骼的科学研究。

（2）"世界野生动物"常展厅（The Wildlife of the World）位于

博物馆二层的核心展区。展厅设计成从北极到南极到赤道万里旅程。游客首先步入"冰层覆盖"的极区，悬崖上数以万计的鸟巢、等待在一旁偷猎的北极狐、稀稀拉拉的苔原、漂浮的冰川、豪横的北极熊、不幸被捉的鳕鱼、憨态可掬的企鹅、成群的南极磷虾构成了从天到地再到海洋的极寒之地的生态场景。接着，北方地区极具代表性的针叶树林、加拿大猞猁、渡鸦、三文鱼以类似于上一个展览单元的结构为游客勾勒了北方动植物生存场景。到了温带，亚热带、热带展区，关于生物之最的专题内容相继出现，例如，欧洲最高峰和山区动物、最毒的动物等。展览主要以场景再现的方式表现生命的多样性和适应性。

（3）"自然之变"常展厅（Change in the Air）设置在"世界野生动物"常展厅旁侧。从展陈内容上来看，该展厅主题建立在上一个展厅中关于野生动物的基本知识之上，且延续上一个展厅中关于全球野生动物与生态变化的话题。展厅每个单元分为三个部分，第一部分介绍自冰期以来，地球环境变化中生态主题，第二部分引用科学家的研究成果说明环境变化的成因和经过，第三部分以启发式的问题引导观众思考环境变化的趋势和应对方案。

（4）"生命的历史"常展厅（The History of Life）位于展厅三层的核心展区。展览根据最新的科学研究成果讲述生命的历史，同时展示板块运动和环境变化。生命的起源与进化主题是自然历史博物馆展陈的永恒主题。芬兰自然历史博物馆"生命的历史"展览的展品主要为各个地质时期的化石，与大多数自然历史博物馆并无二致。有所不同的是，芬兰自然历史博物馆将化石置于时空背景中，在地壳板块模型上展示化石发现的位置（见图2）。此外，展览选择一些在进化历史上时间跨度较长的物种做专题对比展示，如三叶虫、恐龙等。针对低龄观众，博物馆创作了化石漫画供他们翻阅。

**图 2　置于时空背景下的化石展示**

（5）"芬兰的自然"常展厅（Finnish Nature）位于博物馆三层一个面积较小的展厅。这个展厅为观众带来移步换景、穿越芬兰四季的感受。从芬兰南部的树林到北部的森林，各种动植物物种遍布在展厅中，观众将了解它们在不断变化的环境中独特的生存策略。随着动植物标本一起出现的还有芬兰的住宅。策展人员布置了一些与动植物相关的人居空间，如厨房等，不着痕迹地阐明人与自然的亲密关系。

## 二、芬兰自然历史博物馆展陈空间弹性设计案例

### （一）"可伸缩"的展览拓展信息

在芬兰自然历史博物馆的五个常设展厅中，游客都可以看到"可伸缩"的展览拓展信息。这些"可伸缩"的展览信息以活页板（图3）、抽屉（图4）、翻翻板、魔方等形式存在于展厅各主题展陈柜旁。对于展览主题有进一步了解需求的观众，可以根据自己的兴趣找到与编号对应的展览拓展信息，进一步深化学习。对于观众而言，这些展览拓展信息使展陈空间内的信息量翻倍，增加了博物馆展陈空间的弹性。其次，"可伸缩"的展览拓展信息为不同参观需求的观众提供了选择的余地。而且，观众在发现这些拓展信息的过程中往往伴随着探索的乐趣，有益于维持观众的观展热情。对于博物馆工作人员而言，这些展览拓展信息方便更换，可以展示最前沿的研究成果，满足展览内容升级改造的需求。

图3　展厅中的活页板　　图4　展厅中的展示抽屉

## （二）不同风格的展览说明材料

芬兰的官方语言是芬兰语和瑞典语。因此，芬兰自然历史博物馆的展板多由这两种语言写成。为方便来自世界各地的游客参观，芬兰自然历史博物馆在每个展厅门口提供图文并茂的多语种展览说明材料（见图5）。游客只需要在展厅入口取阅，在参观结束后归还即可。芬兰自然历史博物馆中的语音导览系统也可以为游客播报展览讲解。不过，相比语音导览，纸质的展览说明材料是"先导性"的，它可以帮助游客在步入展区之前即可了解展厅全貌、展览展线、镇馆之宝。除此之外，芬兰自然历史博物馆还在展览多个角落放置了为儿童设计的展览漫画（见图6）。展览漫画色彩丰富，充满童趣。一些展览漫画簿还藏在展厅的宝盒之中，等待小朋友根据线索去寻宝。

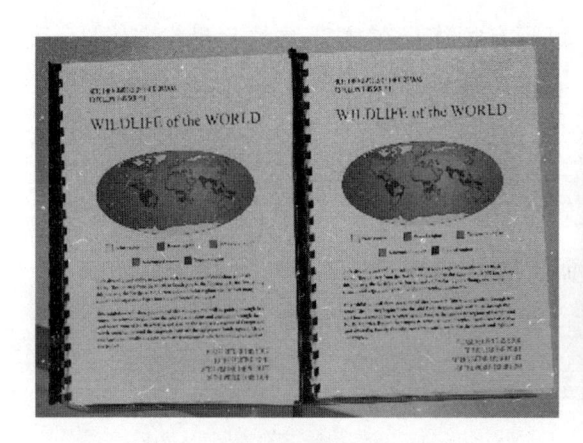

图5 展厅入口处的展览说明材料

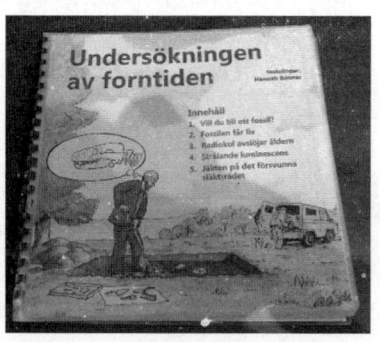

图6 符合低龄观众阅读习惯的漫画

## （三）多种功能空间穿插组合

芬兰自然历史博物馆的常展厅布展风格一致而流畅，在展厅的一些区域点缀着不一样的特色空间。这些空间尊重认知神经科学的研究成果，考虑视觉、听觉、嗅觉、味觉、本体感觉等多元感知体验之间的组合交互。例如，在"世界野生动物展厅"中布置有一间名为"非洲之夜（African Night）"的小房间。房间里一片漆黑，眼睛能看到的只有穹顶的"星光"和周围动物标本的眼睛在黑暗中折射出的寒光。在这个空间里，视觉感知被弱化，听觉和触觉被放大。观众在这个特殊的空间中可以通过多感知去体会非洲草原的夜。展柜下缘布置有翻翻板，观众拨动翻翻板可以触摸到不同品种动物的皮毛，通过触觉认知动物的身体特征。

博物馆里类似的特色空间还有很多。在"芬兰的自然"常展厅里布置有芬兰家庭的厨房、书房，场景分屋内、屋外，展示了居家生物和城市野生动植物。书房里摆放的电脑可以检索这些动植物的相关信息。展厅里有一架旋转楼梯可以上到一个为观众设计的研究空间。房间布置成科学家科研工作室的样子，参观者可以查阅资料、用显微镜观察标本，等等。这些空间除了承担展览展示功能，还兼有研究、教育、娱乐功能，是多种功能空间的穿插组合。

## （四）基于展览资源开发探究教育项目

"一千个读者就有一千个哈姆雷特。"同样的道理也适用于博物馆。同样的展厅，设计不同的探究教育活动，会呈现不一样的展览面貌。博物馆工作人员基于展览资源，针对各类观众群体开发了多个探究教育项目。例如，适合3~6岁儿童观众的"恐龙世界"探究活动，这个活动围绕"恐龙之最"展开话题，带着观众在"生命的历史"展厅中探索恐龙世界；"长寿的生命"活动也在"生命的历史"展厅开展，通过生命进化史上跨度较长的物种，揭示有机体进化的历程；"芬兰的四季"活动的目标人群为中小学生和成人观众，活动将带领观众在"芬兰的自然"展厅了解芬兰的自然知识；"1小时探索芬兰"专为外国游客设计，活动仍然在"芬兰的自然"展厅开展，活动的侧重点是探索芬兰的自然环境与芬兰人文之间的联系；此外，博物馆还策划在展厅开展的专题探究活动，如"体育馆里的长颈鹿"介绍芬兰自然历史博物馆的发展历史，"做一个小时的研究员"活动（见图7）介绍科学家的工作，并带领观众进行无脊椎动物分类，识别鸟类羽毛等。不同的探究教育活动赋予了展厅空间更多的可能性，满足了观众多样化的参观需求。

**图7 在世界野生动物展厅开展的做1个小时的研究员专题活动**

### 三、启示与讨论

近年来,我国博物馆事业迎来了高速发展期。针对我国博物馆事业发展的新形势,国家的相关政策指出,博物馆应致力于提升馆藏品的展示利用效率,提升博物馆的教育质量。然而,观众对于博物馆展览的需求日渐多元,博物馆教育的内容也随着科研进展而不断更新。强化博物馆展陈空间的弹性,展出丰富且变化的内容,完善博物馆教育功能是当今博物馆展陈面临的一大挑战。

"弹性"是物理学中力学范畴内的概念,指物体具有在外界因素作用下发生运动和变形,并在物体中产生应力和应变的属性。建筑设计领域所引申的"弹性"是指能够满足建筑空间和结构性能多样化需求的建筑设计手法。其目的是力求使建筑空间具有可变化、发展的能力,能够动态地适应使用人群不断变化的功能需求。博物馆展陈空间的"弹性设计"包含两方面内容:一是要使展陈空间适应观众观展需求,二是要使展陈空间"可伸可缩",满足展览的可变性需求。分析芬兰自然历史博物馆展陈空间的弹性设计,总结出以下几条设计策略。

### (一) 多感官展览设计

许多博物馆采用科技手段,如投光灯、机器人传感器、监控网络、增强现实体验等,以增强展览视听效果、补充虚拟信息的方式来扩充展陈空间的容量。但是,数字媒体技术是解决博物馆展陈空间容量问题的唯一出路吗?

神经科学领域的研究发现,人体作为一种精微的构造体,依靠相互交织的各种感知模式，形成对世界的整体性认知。除了视觉、听觉、触觉、味觉与嗅觉，人类的大脑还拥有第六种感觉，即本体感觉。本体感觉不仅记录着人们的身体在空间的运动感觉，还与视觉和听觉信息互动，共同完成空间探索。这也就是说，博物馆在观众脑海中的印象不仅仅来自展品、展板、辅助设备，还与展陈空间的设计密切相关。理想的博物馆空间应当平衡、协调观众与展品之间的心理和感知状况，营造出亲近感与真实感，同时也要充分"留白"，给观众以充分的独立思考空间和想象空间。要达到这样的展陈空间效果，需要突破学科分类体系，取而代之的是以观众的感知模式为参照，对展览元素进行排列组合。还需要有节制地使用辅助新媒体展示技术，以避免眼花缭乱的展示手段分散观众观展时的注意力，限制观众的自主想象力。针对这一点，芬兰自然历史博物馆做出了示范。首先，芬兰自然历史博物馆中新媒体展示技术的使用是极少的，只在"世界野生动物"展区安排了2~3处的影院与互动游戏场景。其次，芬兰自然历史博物馆擅长在展览主题背景下剥离出专题展示，引导观众的注意力，控制空间节奏、尺度和层次。例如，在野生动物展厅鸟类展区前的低矮展台上布置有一排木桶盖，揭开木桶盖，观众可以近距离观察与鸟类品种对应的鸟巢、羽毛、粪便。哺乳动物展区的翻翻板中关于动物皮毛的展示，非洲之夜展区对于动物叫声的展示，使观众对展品有了切身的触觉、听觉等多感官体验，使展品拥有了基于观众感知的不同的面，提升了展览信息的传播效率。

（二）可选择的展览拓展信息

除了在展览中植入多感官体验之外，芬兰自然历史博物馆还在展厅中设置可选择的活动展板来强化物理展陈空间的弹性。早在1916年，美国心理学者吉尔曼就提出了"博物馆疲劳"的概念。吉尔曼的研究结果显示，如果展览的布置过于繁杂会给受众带来疲劳感。近10年来，数字媒体技术在博物馆展陈中的广泛应用，在丰富观众的参观体验的同时，也饱和化了人们的感官接收。当观众在遍布数字媒体技术的展厅中穿行时，过于冗杂的媒体信息容易使观众进入视听的"麻木"状态。因此，在博物馆展陈中把握展览信息的可选择性尤为重要。展览信息的可选择性，即由观众自主选择展览信息，这才是真正意义上的展陈空间的"弹性"——既可拓展，又可隐藏。芬兰自然历史博物馆在各个展厅中都放置有活动展板、抽屉、翻翻板、魔方等，方便了有需要的观众的取用，也不会给不需要此类展览信息的观众以信息负担，把选择权交给观众，为展陈空间赋予"弹性"。

（三）展陈空间之间的逻辑联系

芬兰自然历史博物馆的展陈空间之间存在内在逻辑关系。5个常设展厅各有主题且相互关联。首先由动物的骨骼作为引子，营造出博物馆展陈关于大自然的氛围。接着，在"世界野生动物"展厅将地理与生态结合，用较大的篇幅描绘了全球生物、生态的共性、差异性和关联性。在此基础上，在"自然之变"展厅讨论更深层次的全球环境变化和生态保护问题。然后，适时地在博物馆三层"生命的历史"展厅回顾地质历史中的生物进化与环境变迁，引导观众鉴古知今。最后，回归到芬兰本土的生境，将前已述及的命题聚焦在地球北缘生命对自然的生存策略上。整个博物馆的展陈形成了博物馆空间的整体性配置，包括对空间中功能的设定、空间总体构成骨架和秩序的一种组织和布局。与此同时，5个常设展厅的展览主题又相互融合、支撑。例如，"骨头的故事"的展览内容可以与"世界野生动物""芬兰的自然"中的动物展品组合策划教育活动；"芬兰的自然""自然之变"两个展厅也很容易串联；"生命的历史"则更是可以与其余展厅就不同主题对接，设计教育活动。芬兰自然历史博物馆展陈空间的组织秩序和逻辑为博物馆教育活动的策划提供了多种可能，也在某种程度上强化了其展陈空间的弹性。

**四、结语**

博物馆展陈空间的弹性设计是博物馆对外界条件变化和观众需求变化做出的反应。它要求在保持展陈空间基本格局不变的情况下，通过利用建筑空间和结构潜力，使同一空间能够适应观众的多种使用方式的需求变化。强化博物馆展陈空间的弹性可以从以下三个方面入手：一是在策划展览时反复思考各展览空间之间的逻辑关联与组合的可能性；二是在展陈空间预留弹性空间，用于填充展览拓展信息；三是从多感官角度设计展示形式，丰富观众对展览信息的认知。芬兰自然历史博物馆在以上三个方面做出了示范，希望芬兰自然历史博物馆在展陈空间弹性设计方面的策略能给国内同行以启发。

# 参考文献

## 一、中文参考文献

### （一）著作

［1］博物馆学概论编写组．博物馆学概论［M］．北京：高等教育出版社，2020．

［2］胡壮麟．新世纪英汉大词典［M］．北京：外语教学与研究出版社，2017．

［3］黄洋，陈红京．博物馆陈列展览设计十讲［M］．上海：上海交通大学出版社，2019．

［4］陆建松．博物馆展览策划：理念与实务［M］．上海：复旦大学出版社，2016．

［5］王宏钧．中国博物馆学基础：修订本［M］．上海：上海古籍出版社，2011．

［6］徐玲．博物馆与近代中国公共文化：1840—1949［M］．北京：科学出版社，2015．

［7］徐乃湘．博物馆陈列艺术总体设计［M］．北京：高等教育出版社，2013．

[8] 严建强. 缪斯之声：博物馆展览理论探索 [M]. 杭州：浙江大学出版社，2020.

（二）译著

[1] 巴尔. 叙述学：叙事理论导论 [M]. 谭君强，译. 北京：北京师范大学出版社，2015.

[2] 宾福德. 追寻人类的过去：解释考古材料 [M]. 陈胜前，译. 上海：上海三联书店，2009.

[3] 吉诺韦斯，安德烈. 博物馆起源：早期博物馆史和博物馆理念读本 [M]. 路旦俊，译. 南京：译林出版社，2014.

[4] 开罗. 不只是美：信息图表设计原理与经典案例 [M]. 罗辉，李丽华，译. 北京：人民邮电出版社，2015.

[5] 莱斯特. 视觉传播：形象载动信息 [M]. 北京：广播学院出版社，2003.

[6] 普林斯. 叙事学：叙事的形式与功能 [M]. 北京：中国人民大学出版社，2013.

[7] 瑟雷尔. 博物馆说明牌：一种解说方法 [M]. 北京：社会科学文献出版社，2022.

[8] 斯莱文. 教育心理学 [M]. 姚梅林，等，译. 北京：北京人民邮电出版社，2004.

（三）期刊

[1] 包兆会. 当代视觉文化背景下的"语—图"关系 [J]. 江西社会科学，2007（9）.

[2] 鲍敏，黄昌兵，王莉，等. 视觉信息加工及其脑机制 [J].

科技导报, 2017, 35 (19).

[3] 范陆薇, 胡波, 赤诚. 翻转课堂模式在场馆教育中的移植与借鉴: 当高校专业教学遇上高校博物馆 [J]. 华南理工大学学报 (社会科学版), 2018, 20 (6).

[4] 范陆薇, 彭晶. 试论博物馆展陈空间的弹性设计策略: 来自芬兰自然历史博物馆的启发 [J]. 科学教育与博物馆, 2021, 7 (2).

[5] 龙迪勇. 叙事学研究的跨媒介趋势: "跨媒介叙事"学术研讨会综述 [J]. 江西社会科学, 2008 (8).

[6] 钟永德, 罗芬. 旅游解说牌示规划设计方法与技术探讨 [J]. 中南林学院学报, 2006 (01).

(四) 论文、电子资料

[1] 金晓颖. 当代博物馆的展示叙事研究 [D]. 杭州: 浙江大学, 2014.

[2] 中华人民共和国国家质量监督检验检疫总局, 中国国家标准化管理委员会. 中华人民共和国国家标准: 文物展品标牌 (GB/T 30234-2013) [S]. 2013-12-31.

[3] 博物馆未来发展的十大趋势 [EB/OL]. 搜狐网, 2018-03-21.

[4] 东方新闻. 上海科学家发现大脑"视觉感知"新机制 [EB/OL]. 中国科学院网站, 2018-03-30.

[5] 我国博物馆总数达到 6565 家 [EB/OL]. 光明网, 2023-05-18.

## 二、英文参考文献

### （一）专著

［1］ADAM J M. Les Textes：Types et Prototypes：Recit, Description, Argumentation, Explication et Dialogue ［M］. Malakoff：Armand Colin, 2011.

［2］BEDERSON B, SHNEIDERMAN . The Craft of Information Visualization：Readings and Reflections ［M］. Sam Mateo：Morgan Kaufmann Publishers Inc, 2003.

［3］FALK J H. Identity and the Museum Visitor Experience ［M］. 2sd ed. London, New York：Routledge, 2016.

［4］LIDAL E M, HAUSER H, VIOLA I. Geological storytelling：graphically exploring and communicating geological sketches. Proceedings of the International Symposium on Sketch-Based Interfaces and Modeling ［M］. Heidelberg：Springer, 2012.

［5］LU A D, SHEN H W. Interactive storyboard for overall time-varying data visualization. Proceedings of the IEEE Pacific Visualization Symposium ［M］. Los Alamitos：IEEE Computer Society Press, 2008.

［6］PEARCE S M . On collecting：an investigation into collecting in the European tradition ［M］. New York：Routledge, 1995.

［7］TILDEN F. Interpreting our heritage ［M］. Chapel Hill：The University of North Carolina Press, 1957.

### （二）期刊

［1］AGERSHON N, PAGE W. What storytelling can do for information visualization [J]. Communications of the ACM, 2001, 44 (8).

[2] BARTNECK C, MASUOKA A, TAKAHASHI T, et al. The Learning Experience with Electronic Museum Guides [J]. Psychology of Aesthetics Creativity and the Arts, 2006, S (1).

[3] BITGOOD, STEPHEN. Museum Fatigue: A Critical Review [J]. Visitor Studies, 2009, 12 (2).

[4] B. Knewstubb. The learning – teaching nexus: modelling the learning-teaching relationship in higher education [J]. Studies in Higher Education, 2016, 41 (3).

[5] DAVEY G. What is museum fatigue? [J]. Visitor studies today, 2005.

[6] GREENWALD A G, BANAJI M R. Implicit social cognition: attitudes, self – esteem, and stereotypes [J]. Psychological Review, 1995, 102 (1).

[7] HACKMAN R. Museums for a New Century: A Report of the Commission on Museums for a New Century [J]. Midwestern Archivist, 1985, 10 (2).

[8] Henderson B . Review: Story and Discourse by Seymour Chatman [J]. Journal of the University Film Association, 1980, 32 (4).

[9] JACOBI D, JEANNERET Y. From Panels to Signage: Reading and Reciprocal Mediation in Museums [J]. Culture et Musees, 2013 (20).

[10] JEANNERET Y, DEPOUX A, LUCKERHOFF J, et al. Written signage and reading practices of the public in a major fine arts

museum [J]. Museum Management and Curatorship, 2010 (1).

[11] JKATKUVIENĖ, L MAČIANSKAITĖ, BUTKUS V, et al. Aspects of Corporeality in the Literary Theory of the 20th Century: Roland Barthes and Algirdas Julius Greimas [J]. eLABa-nacionalinė Lietuvos akademinė elektroninė biblioteka: 2012.

[12] KADEMBO E M. Anchored in the story: the core of human understanding, branding, education, socialization and the shaping of values [J]. The Marketing Review, 2012, 12 (3).

[13] LOURENÇO M C, GESSNER S. Documenting collections: cornerstones for core history of science in museums [J]. Sci & Educ, 2014 (23).

[14] NOVAK J D. Meaningful learning: The essential factor for conceptual change in limited or inappropriate propositional hierarchies leading to empowerment of learners [J]. Wiley Subscription Services, Inc. A Wiley Company, 2002 (4).

[15] PACKER J, BALLANTYNE R. Motivational Factors and the Visitor Experience: A Comparison of Three Sites [J]. Curator the Museum Journal, 2010, 45 (3).

[16] ALTAN M Z. Intelligence Reframed: Multiple Intelligences for the 21st Century: Howard Gardner [J]. Tesol Quarterly, 2012, 35 (1): 204-205.

[17] SEGEL E, HEER J. Narrative visualization: telling stories with data [J]. IEEE Transactions on Visualization and Computer Graphics, 2010, 16 (6).

[18] SHAUGHNESSY M F. An Interview with Bernice McCarthy:

Creator of The 4MAT System［J］. Journal of Social Sciences, 2013, 2.

［19］WANDERSEE J H, CLARY R M. Learning on the Trail: A Content Analysis of a University Arboretum's Exemplary Interpretive Science Signage System［J］. American Biology Teacher, 2007, 69 (1).

［20］WILLIAMS L A. Labels: Writing, Design, and Preparation［J］. Curator: The Museum Journal, 1960, 3 (1).

［21］WOJTKOWSKI W, WOJTKOWSKI W G. Storytelling: its role in information visualization［J］. European Systems ence Congress, 2002.

（三）其他

［1］ADAMS G K. Icom publishes two proposed museum definitions［EB/OL］. Icom publishes two proposed museum definitions - Museums Association, 2022-05-13.

［2］CHO K J. Developing an interpretive planning model for a national park system: stakeholder-based needs assessment study for Korea［D］. Columbus: Ohio State University, 2005.

［3］GREG D. Guidelines for producing outdoor interpretive signage［R］. Adelaide: South Australia Tourism Commission, 2001.

［4］GUO R, SHI X P, JIA D K. Learning a deep convolutional network for image super-resolution reconstruction［D］. Harbin: Journal of Engineering of Heilongjiang University, 2018.

［5］KUEHN D M. Developing an interpretive Guide for visitor［R］. Oswego: New York Grant Program, 1993.